Impressum
Verlag: BABADADA GmbH, Nedderfeld 112 , 22529 Hamburg
Geschäftsführer / Verlagsleitung: Harald Hof
Druck: Books on Demand GmbH, In de Tarpen 42, 22848 Norderstedt

Imprint
Publisher: BABADADA GmbH, Nedderfeld 112 , 22529 Hamburg, Germany
Managing Director / Publishing direction: Harald Hof
Print: Books on Demand GmbH, In de Tarpen 42, 22848 Norderstedt

sukuu

school

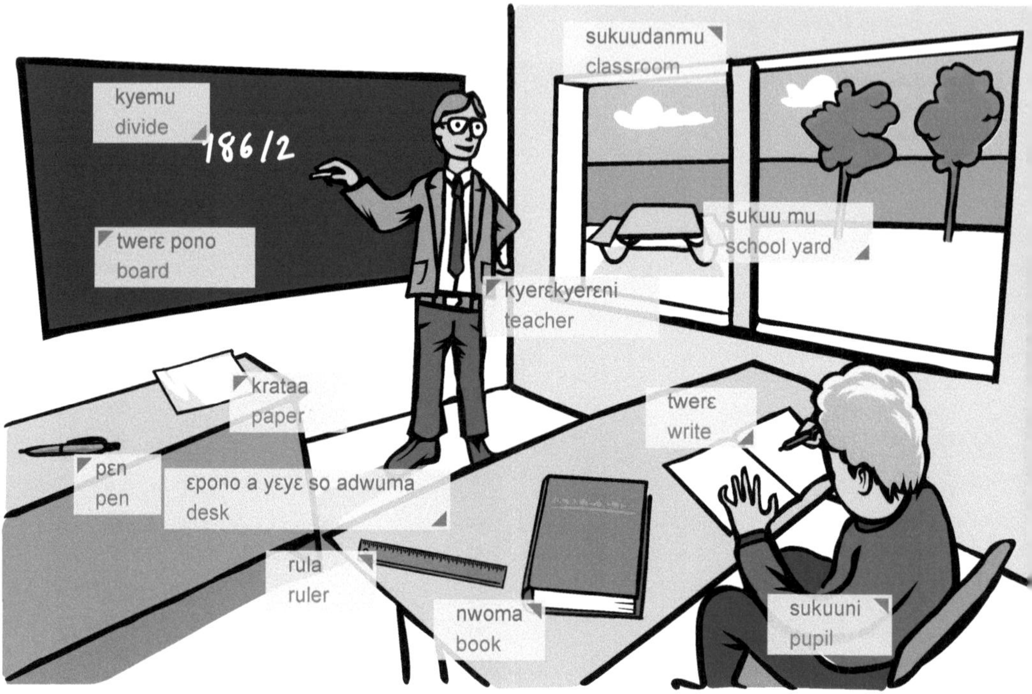
sukuudanmu
classroom
kyemu
divide
186/2
twerɛ pono
board
sukuu mu
school yard
kyerɛkyerɛni
teacher
krataa
paper
twerɛ
write
pɛn
pen
ɛpono a yɛyɛ so adwuma
desk
rula
ruler
nwoma
book
sukuuni
pupil

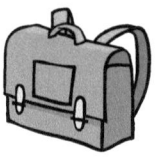

baage

satchel

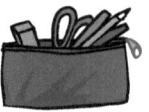

twerɛdua konko

pencil case

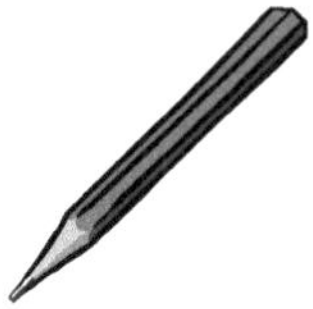

twerɛdua

pencil

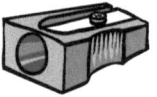

deɛ yɛde sensen twerɛdua ano

pencil sharpener

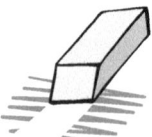

rɔba

rubber

krataa a yɛdwi adeguso

drawing pad

adedwie

drawing

penti brɔhye

paintbrush

penti adaka

paint box

apasoɔ

scissors

aman

glue

nwoma a yɛyɛ mu adwuma

exercise book

efie adwuma

homework

nɔma

number

kabom

add

te fri mu

subtract

mmɔho

multiply

sese

calculate

lɛtɛ

letter

ntwerɛeɛ

alphabet

asɛmfua

word

ntwerɛdeɛ

text

kenkan

read

kyɔk

chalk

adesua

lesson

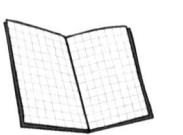

twerɛ wo din

register

nsɔhwɛ

exam

abodinkrataa

certificate

sukuu ataadeɛ

school uniform

adesua

education

nyansa nwoma

encyclopedia

suapɔn

university

maakroskop

microscope

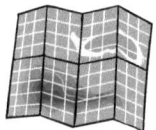

map

map

kɛntɛn a yɛde krataa nwura
gu mu

waste-paper basket

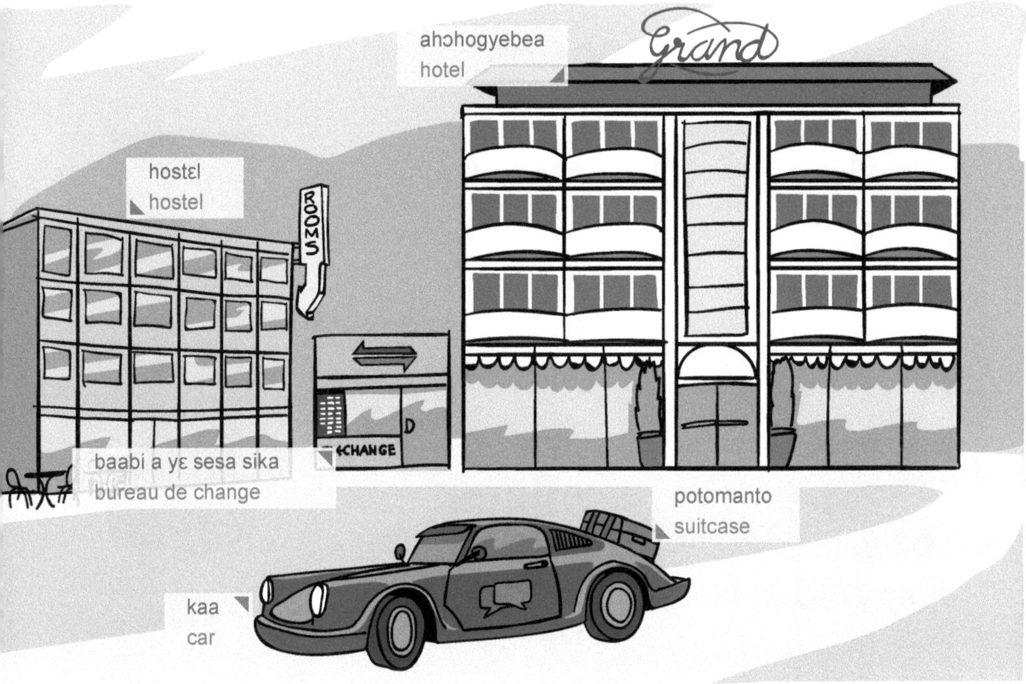

Grand
ahɔhogyebea
hotel
hostɛl
hostel
ROOMS
CHANGE
baabi a yɛ sesa sika
bureau de change
potomanto
suitcase
kaa
car

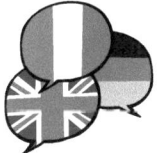

kasa

language

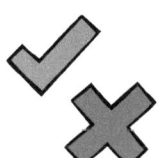

aane / dabi

yes / no

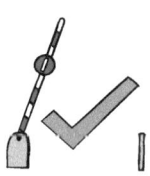

Yoo

Okay

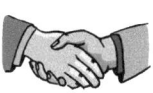

hɛlo

hello

kasa asekyerɛfoɔ

translator

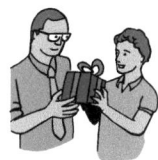

Medaase

Thank you

...bɔɔ yɛ sɛn?

how much is...?

Me nte aseɛ

I do not understand

ɔhaw

problem

Maadwo!

Good evening!

Maakye!

Good morning!

Dayie!

Good night!

baibai o

bye bye

akwankyerɛ

direction

wo nneɛma

luggage

bɔtɔ

bag

akyirebɔtɔ

backpack

ɔhɔhoɔ

guest

danmu

room

bɔtɔ a yɛda mu

sleeping bag

ntomadan

tent

nsɛm dema wɔn a wɔkɔ nsrahwɛ

tourist information

mpoano

beach

kaade a yɛde yi sika

credit card

anɔpa aduane

breakfast

awua aduane

lunch

anwumerɛ aduane

dinner

tiket

ticket

pegya

lift

stamp

stamp

ɛhyeɛ so

border

kutɔmfoɔ

customs

embasi

embassy

visa

visa

passpot

passport

akwantuo - travel

7

akɔneabadie

transport

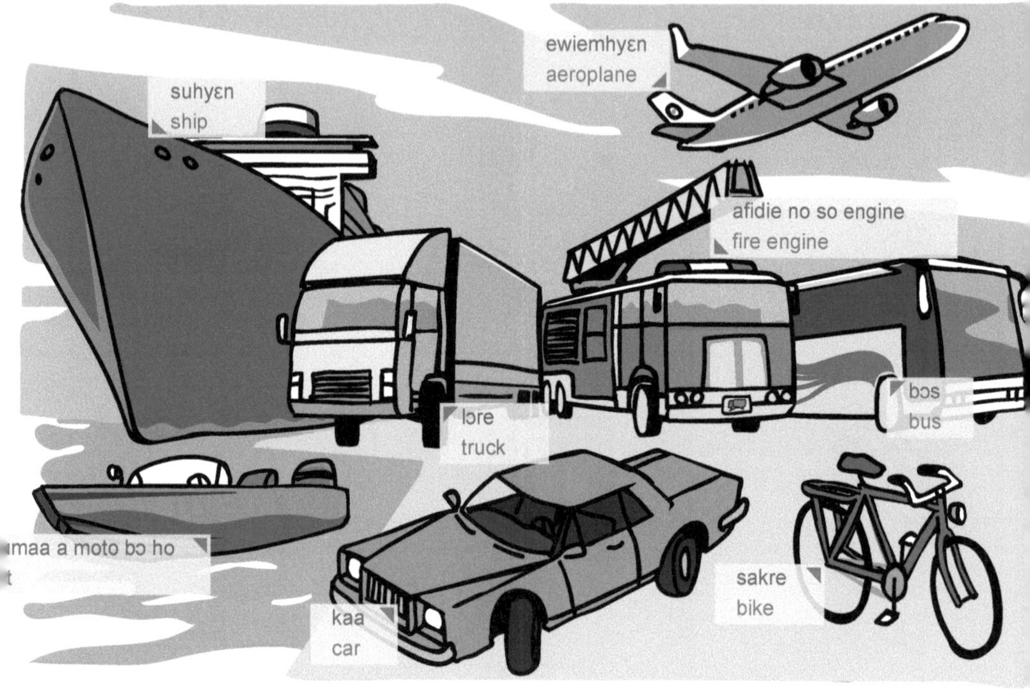

ewiemhyɛn
aeroplane
suhyɛn
ship
afidie no so engine
fire engine
bɔs
bus
lɔre
truck
maa a moto bɔ ho
sakre
bike
kaa
car

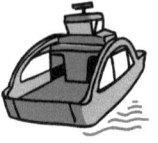

hyɛma

ferry

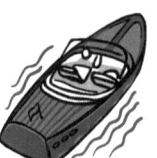

suhyɛn kumaa

boat

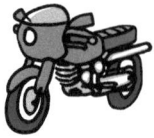

motosakre

motorbike

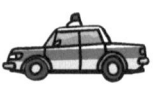

polisifoɔ kaa

police car

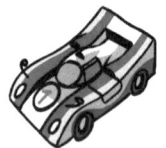

kaa a ɛkɔ mirika akansie

racing car

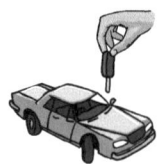

kaa a yɛde ma ahan

rental car

wɔre kyɛ kaa

car sharing

lɔre a asɛeɛ

breakdown truck

bɔɔla kaa

refuse truck

moto

motor

pɛtro

fuel

baabi a yɛbu pɛtro

petrol station

trafik ahyɛnsodeɛ

traffic sign

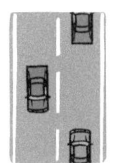

trafik

traffic

trafik akye

traffic jam

baabi a yɛde kaa esi

car park

keteke gyinabea

train station

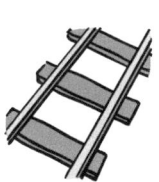

keteke kwan

tracks

keteke

train

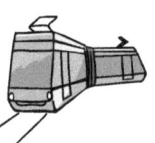

tram

tram

ponkɔ kaa

carriage

helikopta

helicopter

ewiemhyɛnbea

airport

abansoro

tower

apasingyani

passenger

tontowa

container

adaka

carton

kaate

cart

kɛntɛn

basket

atu / asi fam

take off / land

kuro kɛseɛ

city

akurase

village

kuro dwaberɛ mu

city centre

efie

house

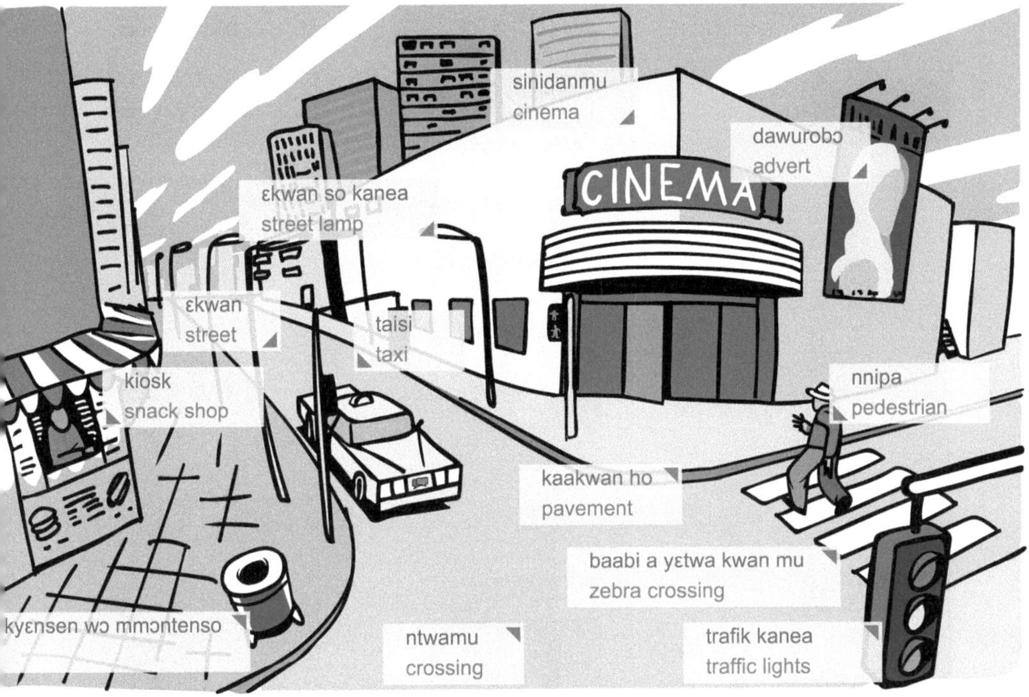

sinidanmu
cinema

dawurobɔ
advert

ɛkwan so kanea
street lamp

ɛkwan
street

taisi
taxi

nnipa
pedestrian

kiosk
snack shop

kaakwan ho
pavement

baabi a yɛtwa kwan mu
zebra crossing

kyɛnsen wɔ mmɔntenso

ntwamu
crossing

trafik kanea
traffic lights

apata

hut

efie

flat

keteke gyinabea

train station

adwaberɛm

town hall

bea a yɛ kora tete nneɛma

museum

sukuu

school

kuro kɛseɛ - city

suapɔn

university

sikakrobea

bank

ayaresabea

hospital

ahɔhogyebea

hotel

famasi

pharmacy

asoeɛ

office

sotɔɔ a wɔtɔn nwoma

book shop

sotɔɔ

shop

baabi yɛtɔn nhwiren

florist's

sotɔɔpɔn

supermarket

edwam

market

sotɔɔ kɛseɛ

department store

baabi a yɛtɔn mpataa

fishmonger's

dwadibea kɛseɛ

shopping centre

suhyɛn gyinabea

harbour

baabi kaa gyina

park

bɛnkye

bench

ɛtwene

bridge

atwedeɛ

stairs

asaase ase

underground

ɛbɔn

tunnel

baabi a bɔs gyina

bus stop

nsanombea

bar

adidibea

restaurant

lɛta adaka

postbox

ɛkwan so akwankyerɛ

street sign

baabi kaa gyina ho mita

parking meter

zoo

zoo

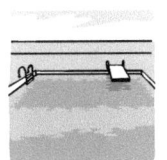

nsuo a yɛ dware mu

swimming pool

nkramodan

mosque

afuo
farm

deɛ egu mmɔnten so fi
pollution

asieɛ
graveyard

asɔre
church

agodibea
playground

asɔre dan
temple

mmɔnten so asiesie

landscape

ahaban
leaf

sanbɔd
signpost

kwan
way

asaase a ɛsere wɔ so
meadow

boba
stone

ɔnantefoɔ
hiker

dua
tree

asubɔnten
river

ɛsere
grass

nhwiren
flower

amenamu

valley

bepɔ

hill

tadeɛ

lake

kwaeɛ

forest

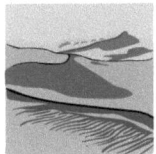

ɛserɛ so

desert

egya a efri botan mu

volcano

abankɛseɛ

castle

nyankontɔn

rainbow

emere

mushroom

abɛtene

palm tree

ntomntom

mosquito

lu

fly

ntɛtea

ant

wowa

bee

ananse

spider

mmɔnten so asiesie - landscape

15

amankuo

beetle

apɔnkyerɛni

frog

opuro

squirrel

apɛsɛ

hedgehog

adanko

hare

patuo

owl

anomaa

bird

nsuo mu dabodabo

swan

kɔkɔte

boar

adoa

deer

ɔtweenini

moose

dam

dam

wind turbine afidie

wind turbine

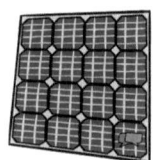

afidie a ɛkye awia

solar panel

wiem nsakraeɛ

climate

adidibea
restaurant

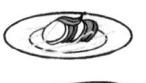

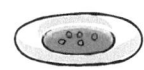

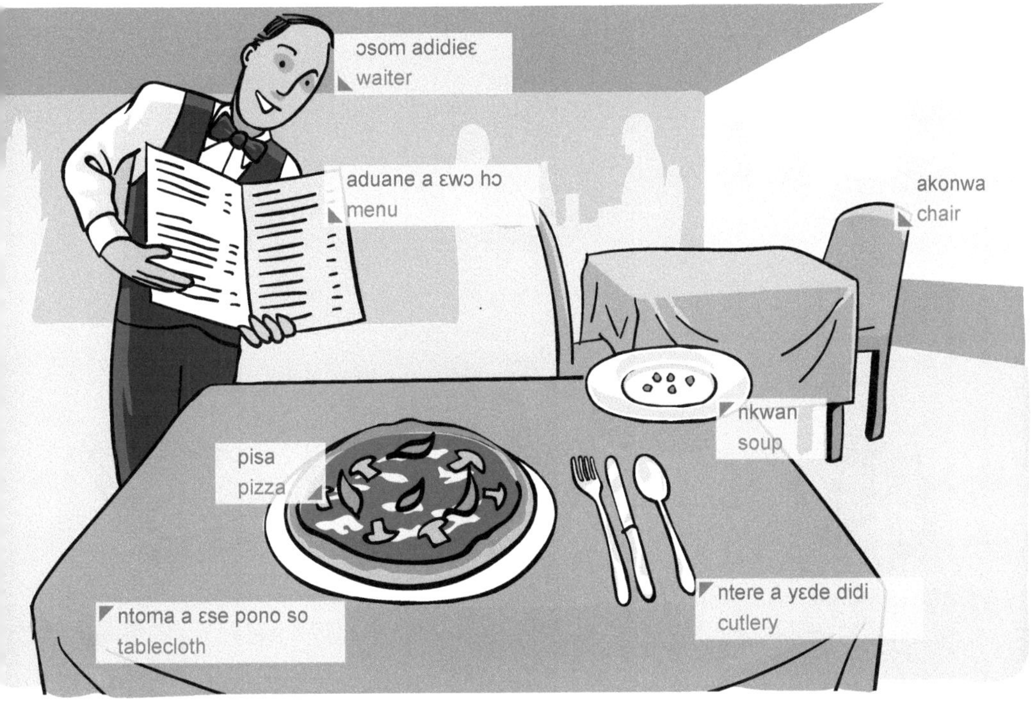

ɔsom adidieɛ
waiter
aduane a ɛwɔ hɔ
menu
akonwa
chair
nkwan
soup
pisa
pizza
ntoma a ɛse pono so
tablecloth
ntere a yɛde didi
cutlery

mprampra anom

starter

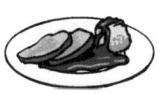

aduane no ankasa

main course

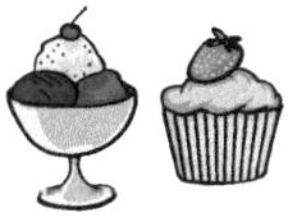

mpa anom

dessert

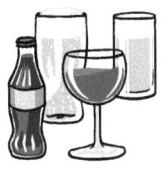

nsa

drinks

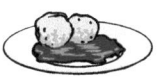

aduane

food

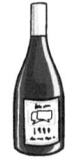

toa

bottle

aduane hyewhyew

fast food

abɔnten so aduane

street food

tii kukuo

teapot

asikyire konko

sugar bowl

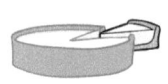

wo kyɛfa

portion

espresso afidie

espresso machine

akonwa tenten

high chair

wo ka

bill

apanpan

tray

sekan

knife

adinam

fork

atere

spoon

atere ketewa

teaspoon

napkin a yɛde pepa ano

serviette

glase

glass

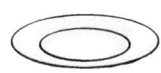

prɛte
plate

kwan kyɛnsee
soup plate

prɛte ketewa
saucer

abomu
sauce

nkyene kukuo
salt pot

yɛde yam mako
pepper mill

fenega
vinegar

anwa
oil

aduhwam
spices

kɛkyɔp
ketchup

mustad
mustard

mayones
mayonnaise

sotɔɔpɔn
supermarket

ntesoɔ soronko
special offer
FOR
adetɔfoɔ
customer
nanatwie nufusuo
dairy
aduaba
fruit
hwiili
trolley

BUTCHERS

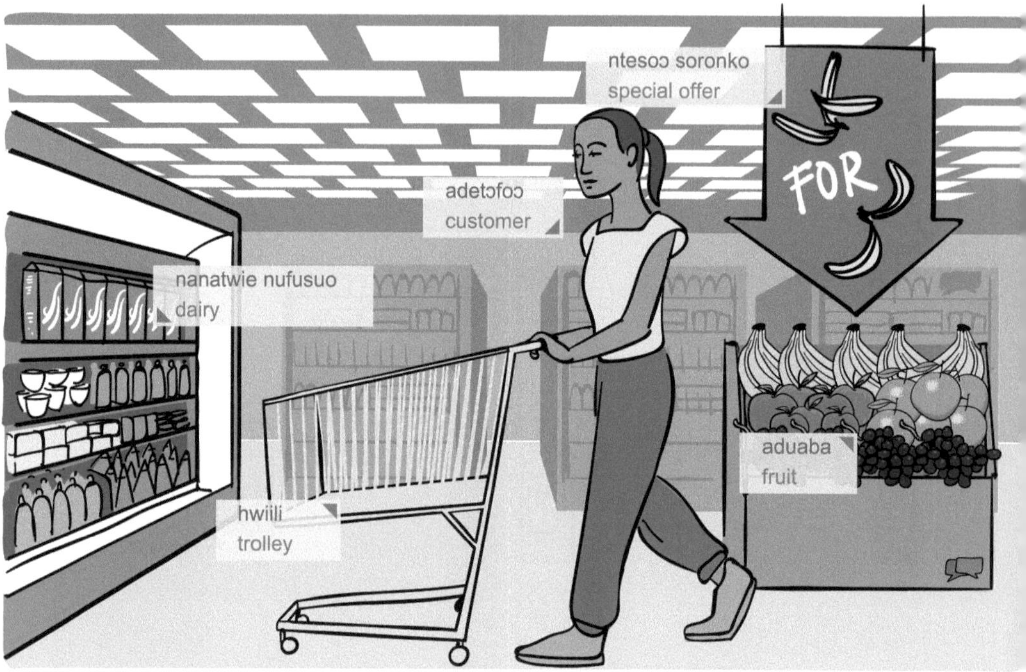

baabi a yɛtɔn nam

butcher´s

BAKERY

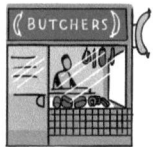

baabi a yɛtɔn paano

baker´s

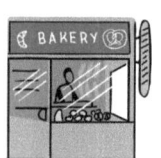

susu

weigh

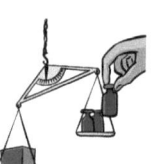

atosodeɛ

vegetables

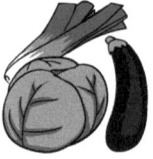

nam

meat

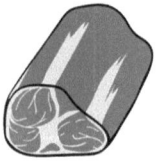

frigyemu aduane

frozen food

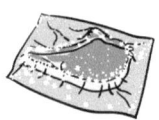

nam a adwoɔ

cold meat

kyɛnsee mu aduane

tinned food

paoda samena

washing powder

adedɔkɔdɔkɔ

sweets

efie nneɛma

household products

adetɔneɛ a yɛde pepa fin

cleaning products

nnipa a ɔtɔn adeɛ

salesperson

afidie a egye sika

till

ɔgyegye sika

cashier

krataa a wodi rekɔ di dwa

shopping list

berɛ a wɔde bua

opening hours

sikabɔtɔ

wallet

kaade a yɛde yi sika

credit card

baage

bag

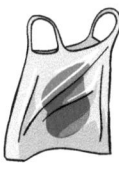

rɔba baage

plastic bag

drinks

nso
water

aduaba mu nsuo
juice

nufusuo
milk

kok
coke

wain nsa
wine

biya
beer

mmorosa
alcohol

kokoo
cocoa

tii
tea

kofe
coffee

espresso
espresso

kapukyino
cappuccino

kwadu

banana

apol

apple

ankaa

orange

melon

melon

akutoɔ

lemon

karɔt

carrot

garlik

garlic

pampro

bamboo

gyeene

onion

mmere

mushroom

nkateɛ

nuts

talia

noodles

spageti

spaghetti

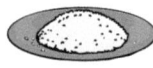

ɛmo

rice

salad

salad

kyipis

chips

abrɔdwomaa a y'akye

fried potatoes

pisa

pizza

hambɔga

hamburger

sanwekye

sandwich

nam a dompe nnim

cutlet

preko nam

ham

nam a y'ahata

salami

sɔsege

sausage

akokɔ

chicken

toto

roast

apataa

fish

oosu koko

porridge oats

muesli

muesli

konflese

cornflakes

esam

flour

krossant

croissant

paano a y'abobɔ

bread roll

paano

bread

paano a y'atoto

toast

biskete

biscuits

bɔta

butter

nufusuo a ada

curd

keeke

cake

kosua

egg

kosua a y'akyeɛ

fried egg

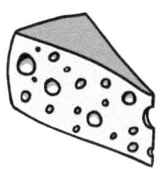

kyiis

cheese

asskrim

ice cream

asikyire

sugar

ɛwoɔ

honey

gyaam

jam

kyokolete

chocolate spread

kɔri

curry

afuo
farm

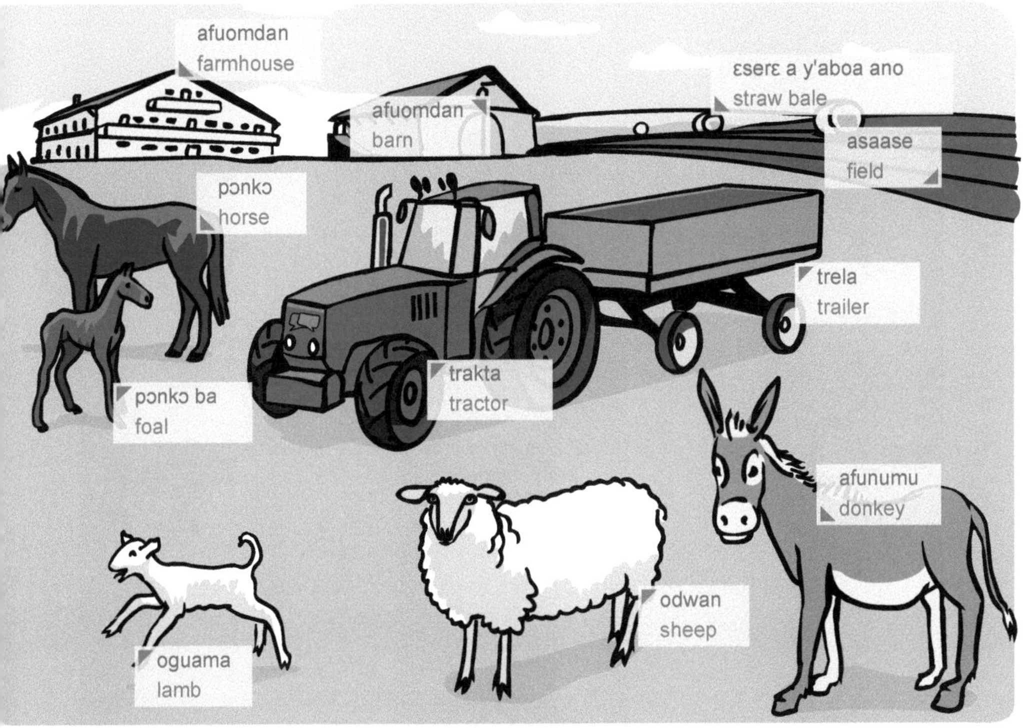
afuomdan
farmhouse
ɛserɛ a y'aboa ano
straw bale
afuomdan
barn
asaase
field
pɔnkɔ
horse
trela
trailer
trakta
tractor
pɔnkɔ ba
foal
afunumu
donkey
odwan
sheep
oguama
lamb

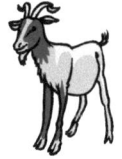

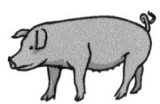

apɔnkye
goat

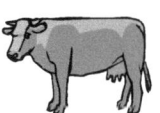

nantwie
cow

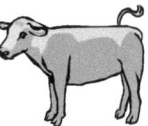

nantwie ba
calf

prɛko
pig

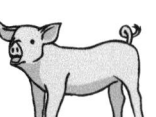

prɛko ba
piglet

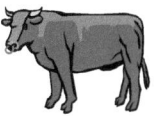

nantwinini
bull

dabodabo nua

goose

dabodabo

duck

akokɔba

chick

akokɔbedeɛ

hen

akokɔnini

cock

kusie

rat

ɔkra

cat

akura

mouse

nantwinini

ox

kraman

dog

kraman buo

doghouse

afuom drobɛn

garden hose

tontora a yɛde gu nsuo

watering can

sekan a yɛde twa aburo

scythe

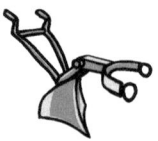

funtum dadeɛ

plough

kɔntɔnkrɔ

sickle

asɔ

hoe

afuom adinam

pitchfork

akuma

axe

hweebaro

wheelbarrow

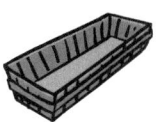

adidika

trough

nufusuo konko

milk can

bɔtɔ

sack

ɛban

fence

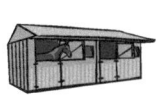

pɔnkɔ dan

stable

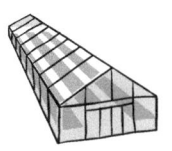

ntomadan a yɛyɛ mu afuo

greenhouse

anwea

soil

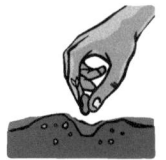

aba

seed

ɔyɛ asaaseyie

fertilizer

otwaberɛ trakta

combine harvester

afuo - farm

twa

harvest

otwaberɛ

harvest

bayerɛ

yams

ayuo

wheat

soya

soy

abrɔdwomaa

potato

aburo

corn

repu aba

rapeseed

dua a ɛso aba

fruit tree

bankye

cassava

aburo asefoɔ

cereals

efie

house

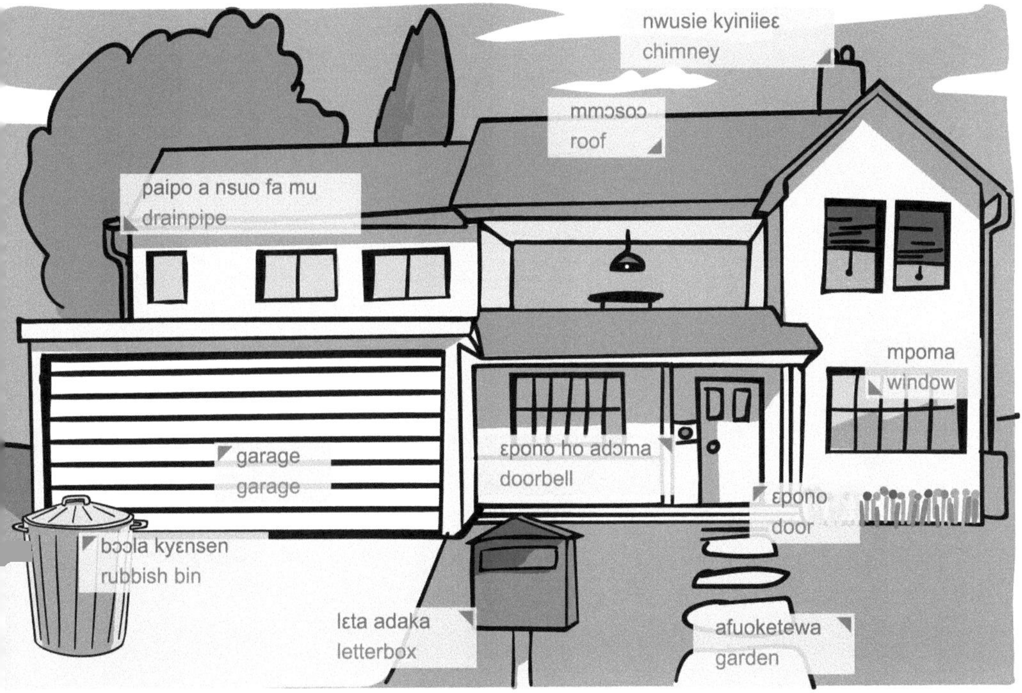
nwusie kyiniieɛ
chimney
mmɔsoɔ
roof
paipo a nsuo fa mu
drainpipe
mpoma
window
garage
garage
ɛpono ho adɔma
doorbell
ɛpono
door
bɔɔla kyɛnsen
rubbish bin
lɛta adaka
letterbox
afuoketewa
garden

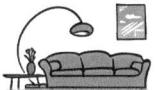

asaso

living room

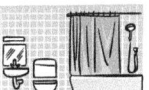

adwareɛ

bathroom

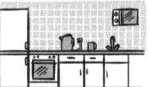

mukaase

kitchen

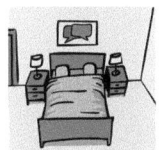

pie mu

bedroom

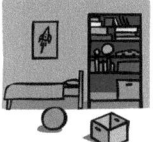

nkwadaa dan mu

child's room

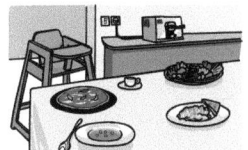

dan a yɛdidi mu

dining room

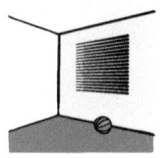

ɛfam

floor

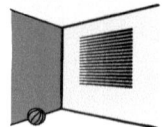

ɛban

wall

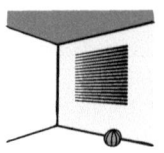

abruuso

ceiling

danbloo

cellar

adwereɛ a ɛbɔ ɔhyew

sauna

abranaa

balcony

abranaaso

terrace

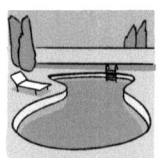

nsuo a yɛdware mu

pool

afidie a yɛde dɔ

lawn mower

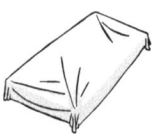

nsɛfam

sheet

ntoma a ɛse kɛtɛ so

bedspread

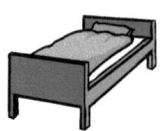

mpa

bed

prayɛ

broom

bokiti

bucket

dane

switch

asaso
living room

krataa a ɛfam dan ho
wallpaper
nfonin
picture
kanea
lamp
kɔbɔd
shelf
kɔbɔd adaka
cupboard
tiivi
television
egya dabrɛ
fireplace
nhwiren
flower
kuhyɛn
cushion
akonwa kɛseɛ
sofa
kukuo a nhwiren hye mu
vase
remote
remote control

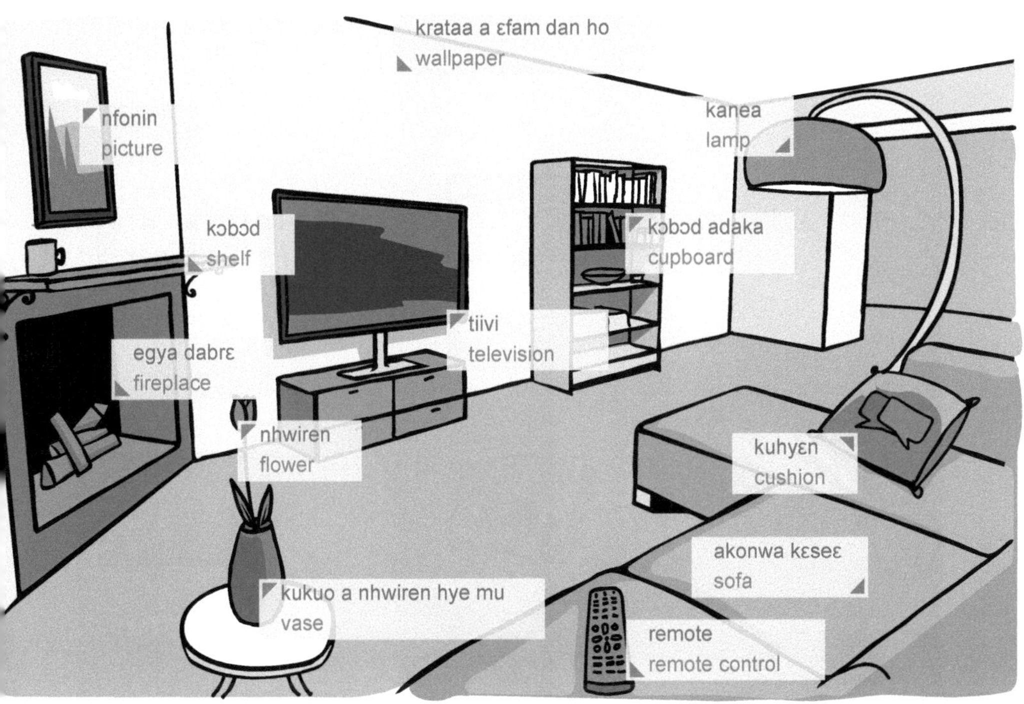

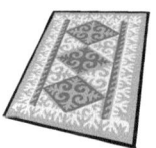

kapɛte
carpet

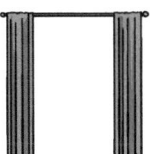

ntwaa dan mu
curtain

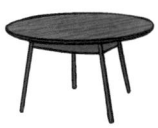

ɛpono
table

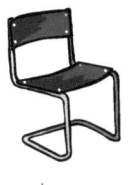

akonwa
chair

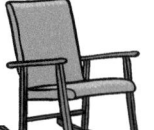

akonwa a ehinhim
rocking chair

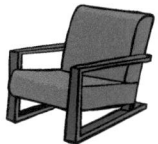

akonwa a yɛgyegye dan
armchair

nwoma

book

kuntu

blanket

dan mu nsiesie

decoration

egya

firewood

sini

film

wailɛs

hi-fi equipment

safoa

key

koowaa krataa

newspaper

nfonin a y'adwi

painting

nfam danho

poster

radio

radio

krataa a yɛ twere mu

notepad

afidie a ɛprapra

hoover

kaktus

cactus

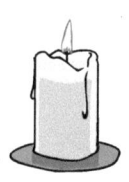

kyɛnere

candle

mukaase
kitchen

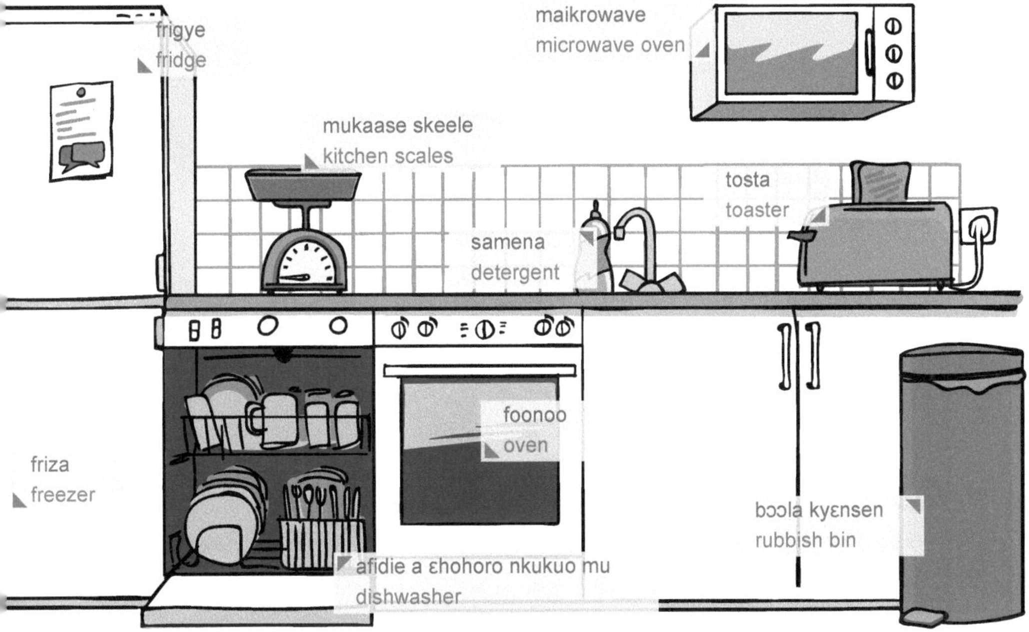

frigye
fridge
maikrowave
microwave oven
mukaase skeele
kitchen scales
tosta
toaster
samena
detergent
foonoo
oven
friza
freezer
bɔɔla kyɛnsen
rubbish bin
afidie a ɛhohoro nkukuo mu
dishwasher

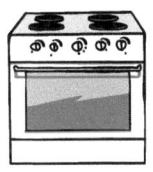

abɛɛfo bukyea

cooker

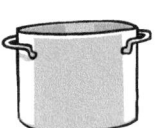

kokuo

pot

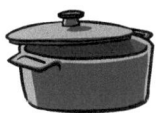

dadesɛn

cast-iron pot

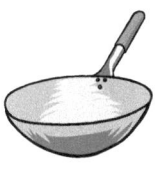

wok / kadai

wok / kadai

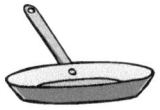

kyɛnsee

pan

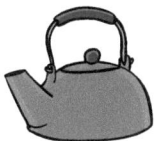

nsuo hyeɛ afidie

kettle

stiima

steamer

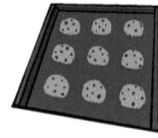

apa a yɛ to so adeɛ

baking tray

prɛte, kuruwa, ntere ne nea ɛkeka ho

crockery

kuruwa a etumi bɔ

mug

kyɛnsee

bowl

nnua a yɛde didi

chopsticks

kwantre

ladle

dua atere

spatula

yɛde nu adeɛ mu

whisk

sɔneɛ

strainer

fefe

sieve

greta

grater

waduro

mortar

kyinkyinga

barbecue

bukyea

open fire

mukaase - kitchen

εpono a yε twitwaso adeε

chopping board

εta

rolling pin

deε yεtu nsa so

corkscrew

konko

can

deε yεde bue konko so

can opener

yεde sɔ kukuo mu

pot holder

sink

sink

brɔhye

brush

sapɔ

sponge

aduane yam fidie

blender

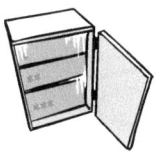

friza nini

deep freezer

toa a abɔdoma nom ano

baby bottle

paipo

tap

adwareɛ

bathroom

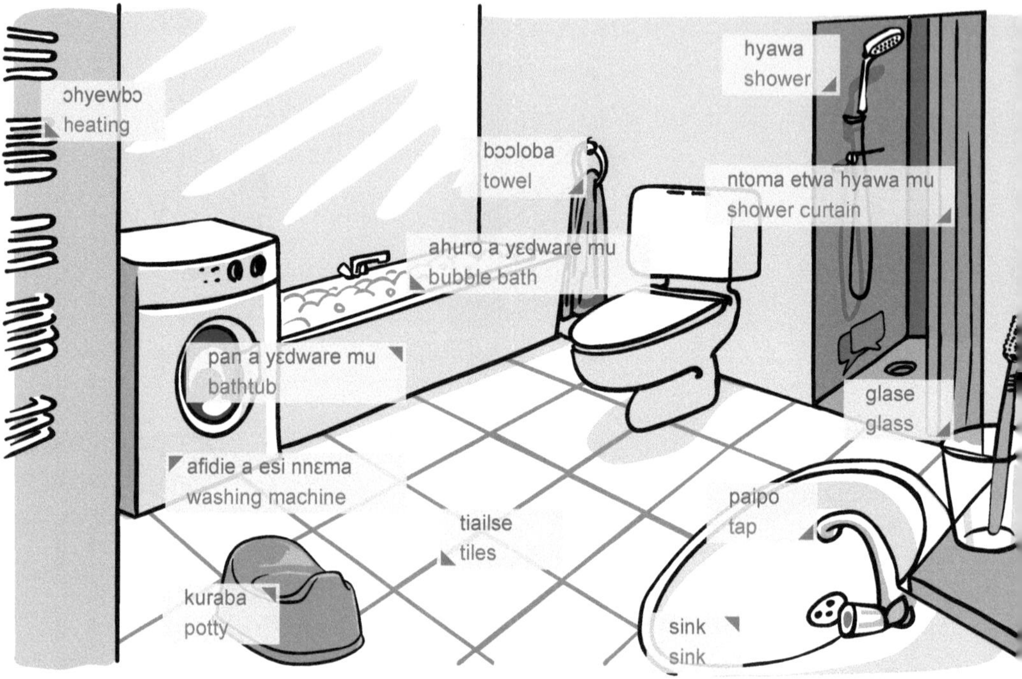

hyawa
shower
ɔhyewbɔ
heating
bɔɔloba
towel
ntoma etwa hyawa mu
shower curtain
ahuro a yɛdware mu
bubble bath
pan a yɛdware mu
bathtub
glase
glass
afidie a esi nnɛma
washing machine
paipo
tap
tiailse
tiles
kuraba
potty
sink
sink

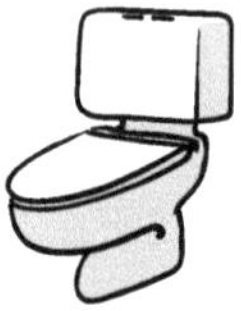

teɛfi

toilet

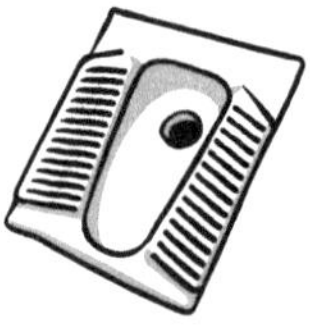

teɛfi a yɛ koto so

squat toilet

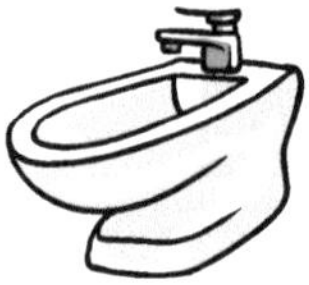

bidet teɛfi

bidet

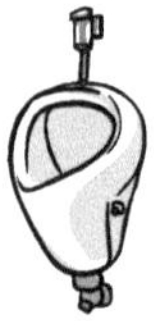

dwonsɔ dan

urinal

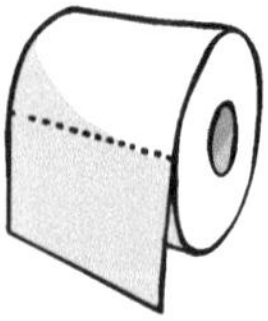

teɛfi so krataa

toilet paper

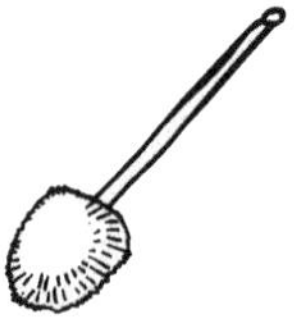

teɛfi so brɔhye

toilet brush

brɔhye a yɛde twitwiri see

toothbrush

aduro a yɛde twitwiri see

toothpaste

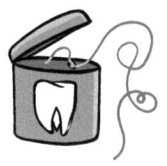

yɛde yiyi ɛsee mu

dental floss

si

wash

hyawa a yɛsɔ mu

handheld shower

paipo a yɛde hohoro ananmu

douche

bokiti

basin

brɔhye a wode dware w'akyi

back brush

samena

soap

hyawa samena

shower gel

nsuo samena

shampoo

flanɛl ntoma

flannel

baabi a nsu fa pue

drain

nku

cream

yɛde fefa amotoamu

deodorant

ahwehwɛ

mirror

ahwehwɛ a yɛsɔ mu

hand mirror

bled

razor

ahuro a yɛde yi nwi

shaving foam

aduro a yɛde fefa baabi a
wo ayi nwi

aftershave

afen

comb

brɔhye

brush

afidie a ɛwo nwi

hair dryer

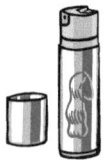

enwi sopre

hairspray

pɔns

makeup

lipstike

lipstick

penti a yɛde mɔreɛ so

nail varnish

asaawa

cotton wool

apasoɔ a etwa mmɔreɛ

nail scissors

aduhwam

perfume

adwareɛ baage

washbag

edwa

stool

skele

weighing scale

adwereɛ ataadeɛ

bathrobe

rɔba a yɛde hyɛ nsa ho

rubber gloves

tampon

tampon

abɛɛfo amonsen

sanitary towel

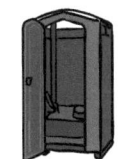

teɛfi a aduro gum

chemical toilet

nkwadaa dan mu

child's room

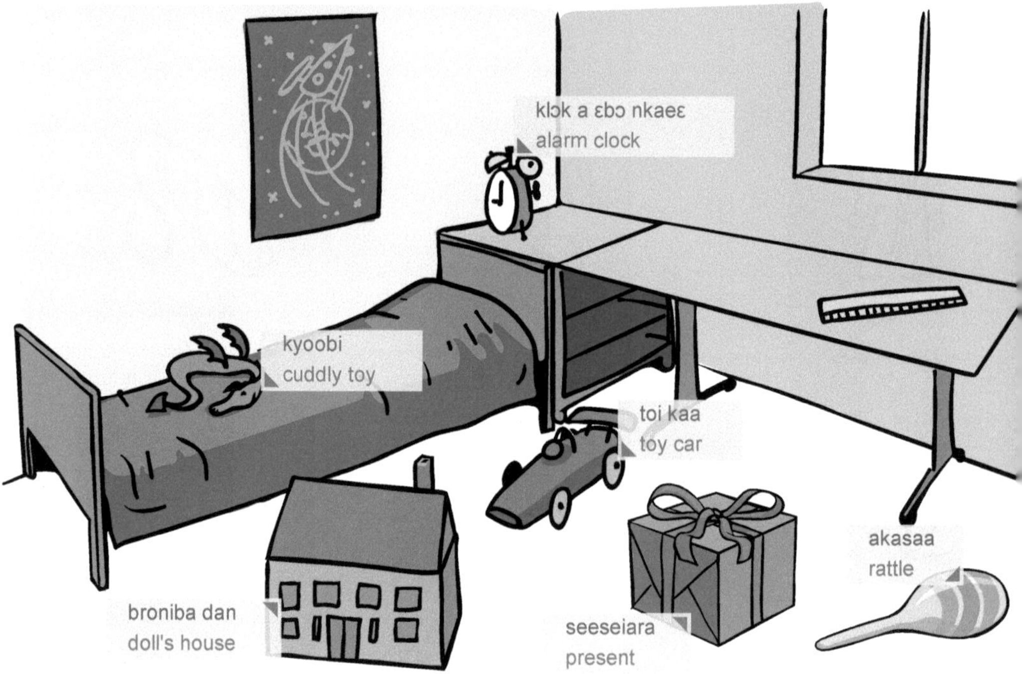

klɔk a ɛbɔ nkaeɛ
alarm clock

kyoobi
cuddly toy

toi kaa
toy car

akasaa
rattle

broniba dan
doll's house

seeseiara
present

baaluu
balloon

mpa
bed

nkwadaa kaa
pram

sopaa
deck of cards

gyiksɔɔ
jigsaw

nsɛnkwa
comic

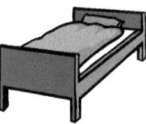

lego blɔg

lego bricks

blɔg a yɛde si dan

building blocks

nnipa ɔbɔhye

action figure

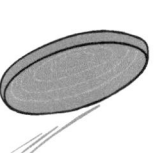

abɔdoma ataadeɛ

babygrow

frisbee

frisbee

mobail

mobile

ponoso agodie

board game

daahye

dice

nkwadaa keteke

model train set

kʊlikʊ

dummy

apontoɔ

party

nfonin nwoma

picture book

bɔɔlo

ball

broniba

doll

di agorɔ

play

anwea adaka

sandpit

adonko

swing

tois

toys

video agodie apaawa

video game console

sakre a ne nan meɛnsa

tricycle

kyoobi

teddy bear

wɔdropo

wardrobe

ntaadeɛ
clothing

sɔks

socks

stokens

stockings

sekentait

tights

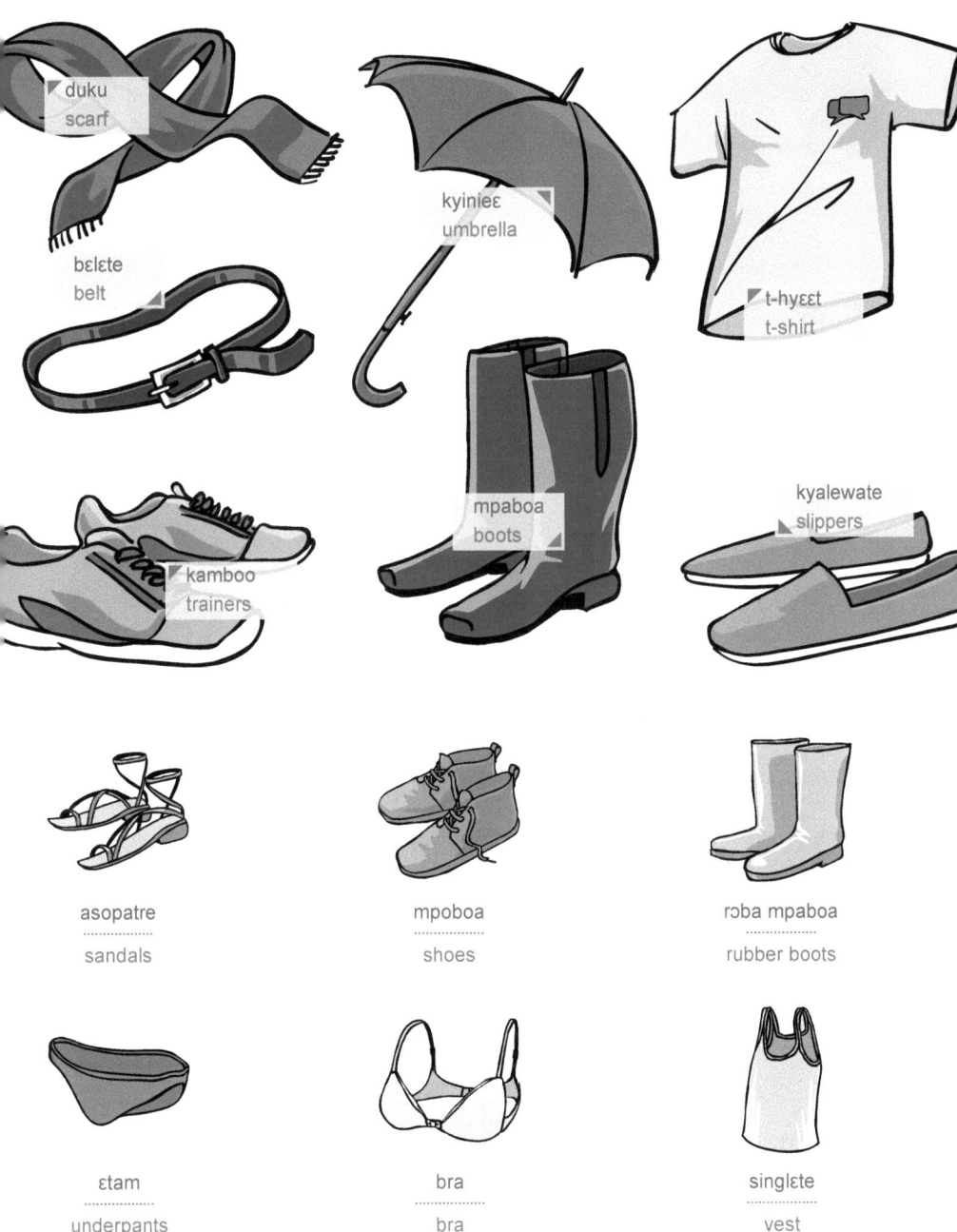

duku
scarf

bɛlɛte
belt

kyinieɛ
umbrella

t-hyɛɛt
t-shirt

kamboo
trainers

mpaboa
boots

kyalewate
slippers

asopatre
....
sandals

mpoboa
....
shoes

rɔba mpaboa
....
rubber boots

ɛtam
....
underpants

bra
....
bra

singlɛte
....
vest

ntaadeɛ - clothing

nipadua

body

trɔsa

trousers

gyins

jeans

sekɛɛt

skirt

ɛsoro ataadeɛ

blouse

hyɛɛte

shirt

nkatoho a ɛko awɔ

pullover

hoodie

hoodie

koot

blazer

nkatasoɔ

jacket

nkatasoɔ

coat

nsutɔ mu nkataho

raincoat

dwumadie bi ho ataadeɛ

costume

mmaa atadeɛ

dress

ayefrɔ ataadeɛ

wedding dress

kootu

suit

mmaa ataadeɛ a yɛde da

nightgown

pigyamas ataadeɛ

pyjamas

sari

sari

duku

headscarf

abotire

turban

burka

burqa

kaftan

kaftan

nkramofoɔ mmaa atadeɛ

abaya

ntaadeɛ a yɛde dware nsuo

swimsuit

asenemu ataadeɛ

trunks

nika

shorts

agokansie ntaadeɛ

tracksuit

akatasoɔ

apron

nsa nkataho

gloves

ntaadeɛ - clothing

bɔtom

button

sopɛɛse

glasses

ahwneɛ

bracelet

komadeɛ

necklace

kawa

ring

asomadeɛ

earring

ɛkyɛ

cap

yɛde koot sɛn so

coat hanger

ɛkyɛ

hat

abɔmene mu

tie

zip

zip

ɛkyɛ denden

helmet

bresis

braces

sukuu ataadeɛ

school uniform

adwuma ataadeɛ

uniform

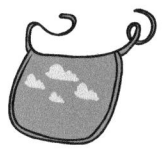

mmɔfra bib

bib

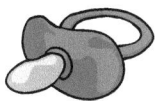

koliko

dummy

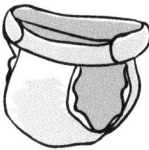

nkwadaa napken

nappy

asoeɛ
office

sɛɛva
server
kabenɛt
filing cabinet
printa
printer
krataa
paper
monita
monitor
ɛpono a yɛyɛ so adwuma
desk
Maws
mouse
nhyemu
folder
ntwerɛɛɛ pono
keyboard
a yɛde krataa nwura gu mu
-paper basket
akonwa
chair
komputa
computer

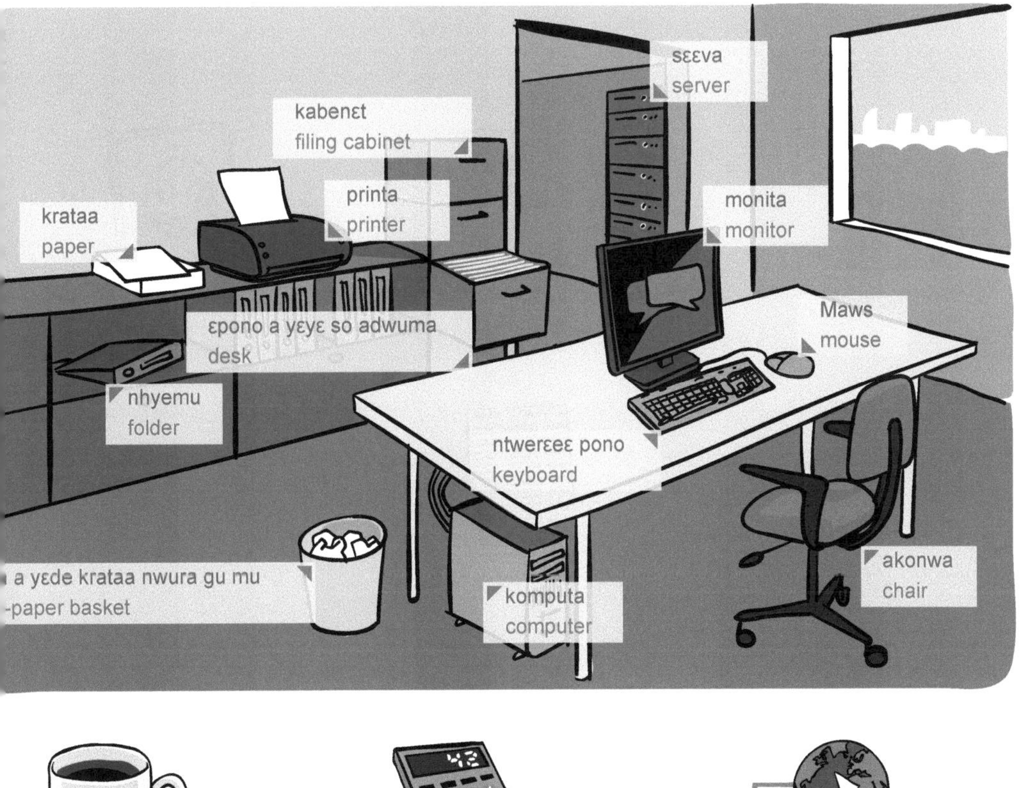

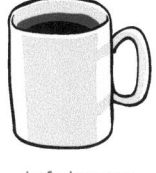

kɔfe kuruwa

coffee mug

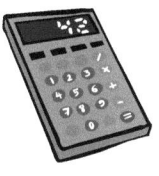

akontabuo fidie

calculator

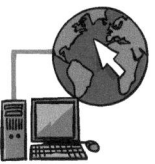

intanɛt

internet

laptop
laptop

lɛta
letter

nkratɔɔ
message

mobail kasafidie
mobile

nɛtwɛke
network

fotokɔpi
photocopier

softwɛɛ
software

tetefon
telephone

sɔkɛt
plug socket

faks afidie
fax machine

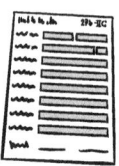

katraa
form

nkrataa
document

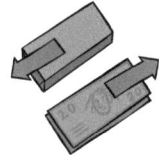

tɔ

buy

tua

pay

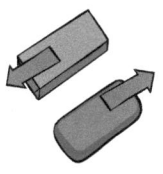

di dwa

trade

sika

money

 **USD**

dollar

dollar

 **EUR**

euro

euro

 **JPY**

yen

yen

 **RUB**

rubel

rouble

 **CHF**

Swiss franks

Swiss franc

 **CNY**

renminbi yuan

renminbi yuan

 **INR**

rupii

rupee

baabi yɛtua sika

cashpoint

baabi a yɛ sesa sika

bureau de change

sika kɔkɔɔ

gold

dwetɛ

silver

now

oil

ahoɔden

energy

ne boɔ

price

kontragye

contract

ɛtoɔ

tax

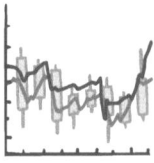

stɔk

stock

adwuma

work

adwumayɛni

employee

adwumawura

employer

mfididwuma mu

factory

sotɔɔ

shop

nwuma ahodɔ

occupations

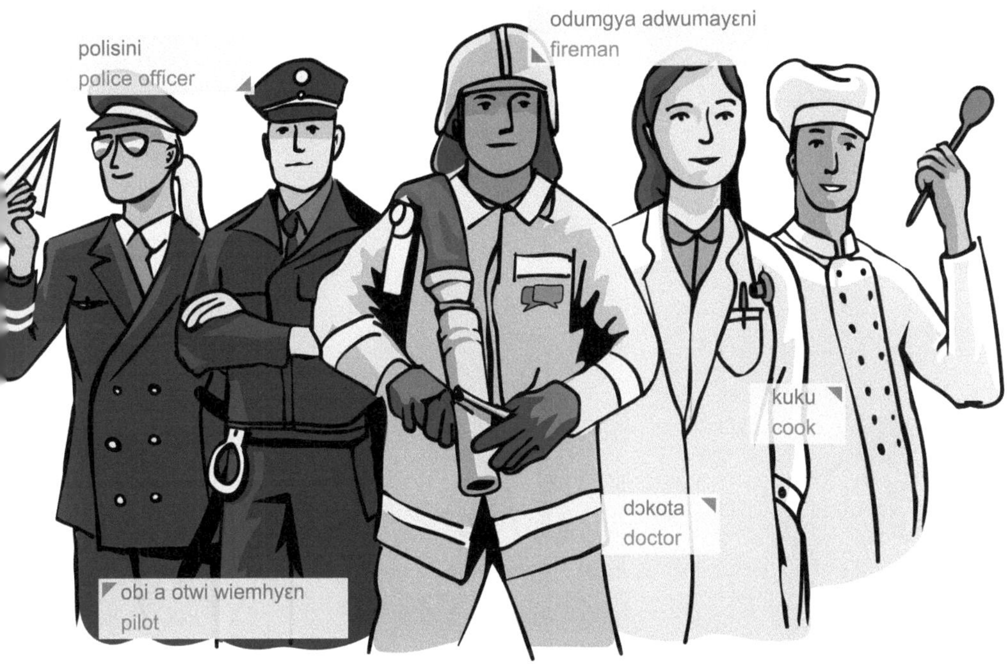

polisini
police officer
odumgya adwumayɛni
fireman
kuku
cook
dɔkota
doctor
obi a otwi wiemhyɛn
pilot

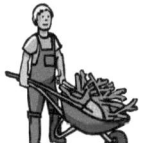

ɔyɛ afuo

gardener

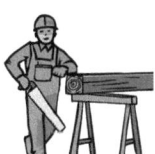

dua dwomfoɔ

carpenter

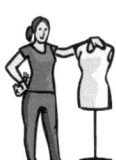

adepani baa

seamstress

atɛnmuafoɔ

judge

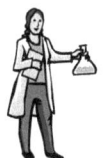

ɔtɔn nnuro

chemist

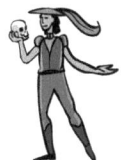

sini yɛfoɔ

actor

bɔs drɔba

bus driver

taisi drɔba

taxi driver

ɔpofoɔ

fisherman

ɔbaa a osiesie fie

cleaning lady

ɔbɔdanso

roofer

ɔsom adidieɛ

waiter

bɔmɔfoɔ

hunter

penta

painter

ɔto paano

baker

ɔyɛ nkaneɛ ho adwuma

electrician

ɔdansifoɔ

builder

inginia

engineer

ɔdwa nam

butcher

plɔmba

plumber

krataa manefoɔ

postman

sogyani

soldier

ɔdwi adan

architect

ɔgyegye sika

cashier

ɔtɔn nhwiren

florist

ɔyɛ tire

hairdresser

meeti

conductor

fitani

mechanic

nnipa a otwi suhyɛn

captain

ɛsee dɔkota

dentist

abɔdeɛ mu nimdefoɔ

scientist

rabi

rabbi

kramo panin

imam

ɔsɔfo

monk

osɔfo

clergyman

anwenade
tools

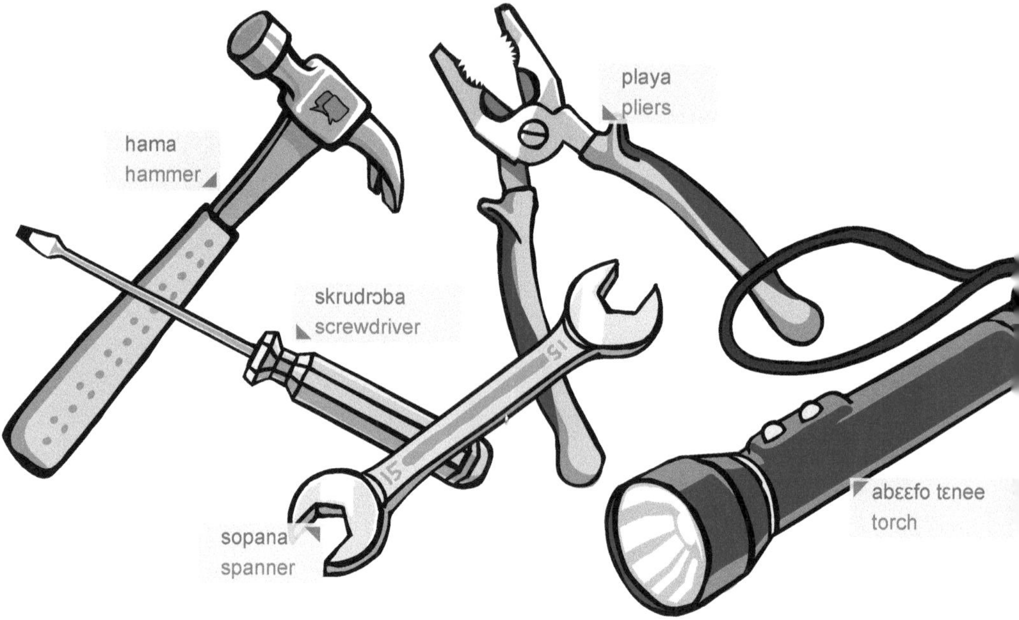

hama
hammer

playa
pliers

skrudrɔba
screwdriver

sopana
spanner

abɛɛfo tɛnee
torch

otu amena

digger

anwenade adaka

toolbox

atwedeɛ

ladder

asradaa

saw

nnadewa

nails

afidie a yɛde bɔne tokro

drill

siesie

repair

sofi

shovel

Ebei!

Damn!

asanwura

dustpan

penti kukuo

paint pot

skruu

screws

nnɛɛma a yɛde bɔ nwom
musical instruments

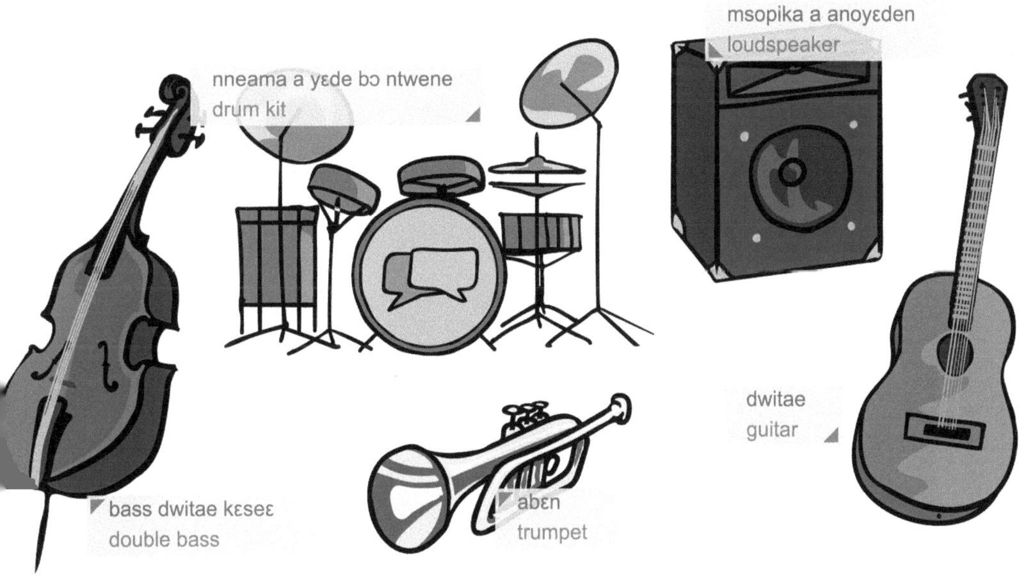

nneama a yɛde bɔ ntwene
drum kit

msopika a anoyɛden
loudspeaker

dwitae
guitar

bass dwitae kɛseɛ
double bass

abɛn
trumpet

sankuo

piano

ahoma sankuo

violin

bass dwitae

bass

atumpan

timpani

ntwene

drums

ntwerɛeɛ apa

keyboard

saksofon

saxophone

atentenbɛn

flute

maikrofon

microphone

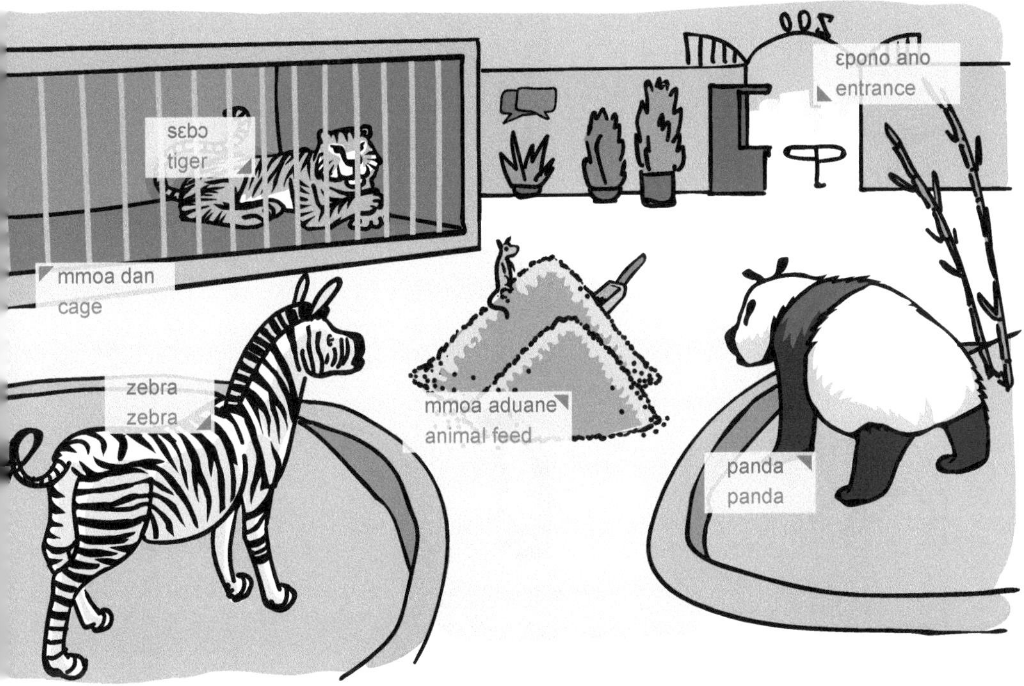

εpono ano
entrance

cɛbɔ
tiger

mmoa dan
cage

zebra
zebra

mmoa aduane
animal feed

panda
panda

mmoa
animals

ɔsono
elephant

kangaru
kangaroo

raino
rhino

akatea
gorilla

sisire
bear

afunuponkɔ

camel

sohori

ostrich

gyata

lion

adwee

monkey

flamingo

flamingo

ako

parrot

awɔ mu sisire

polar bear

penguin

penguin

oboodede

shark

akɔkonini abankwa

peacock

wɔwɔ

snake

dɛnkyɛm

crocodile

nnipa ɛhwɛ zoo so

zookeeper

nsuo mu gyata

seal

sebɔ

jaguar

pɔnkɔ ba

pony

etwie

leopard

susuono

hippo

kontenten

giraffe

ɔkɔdeɛ

eagle

kɔkɔte

boar

apataa

fish

sudandan

turtle

walrus

walrus

sakraman

fox

ɔtwee

gazelle

Amerikafoɔ futbɔɔlo
American football

skre twie
cycling

tennis
tennis

basketbɔɔlo
basketball

nsuom adwareɛ
swimming

akutruku
boxing

asukɔkyea so hɔki
ice hockey

futbɔl
football

badmintin
badminton

mirikatuo
athletics

bɔɔlo a yɛde nsa bɔ
handball

skii
skiing

polo
polo

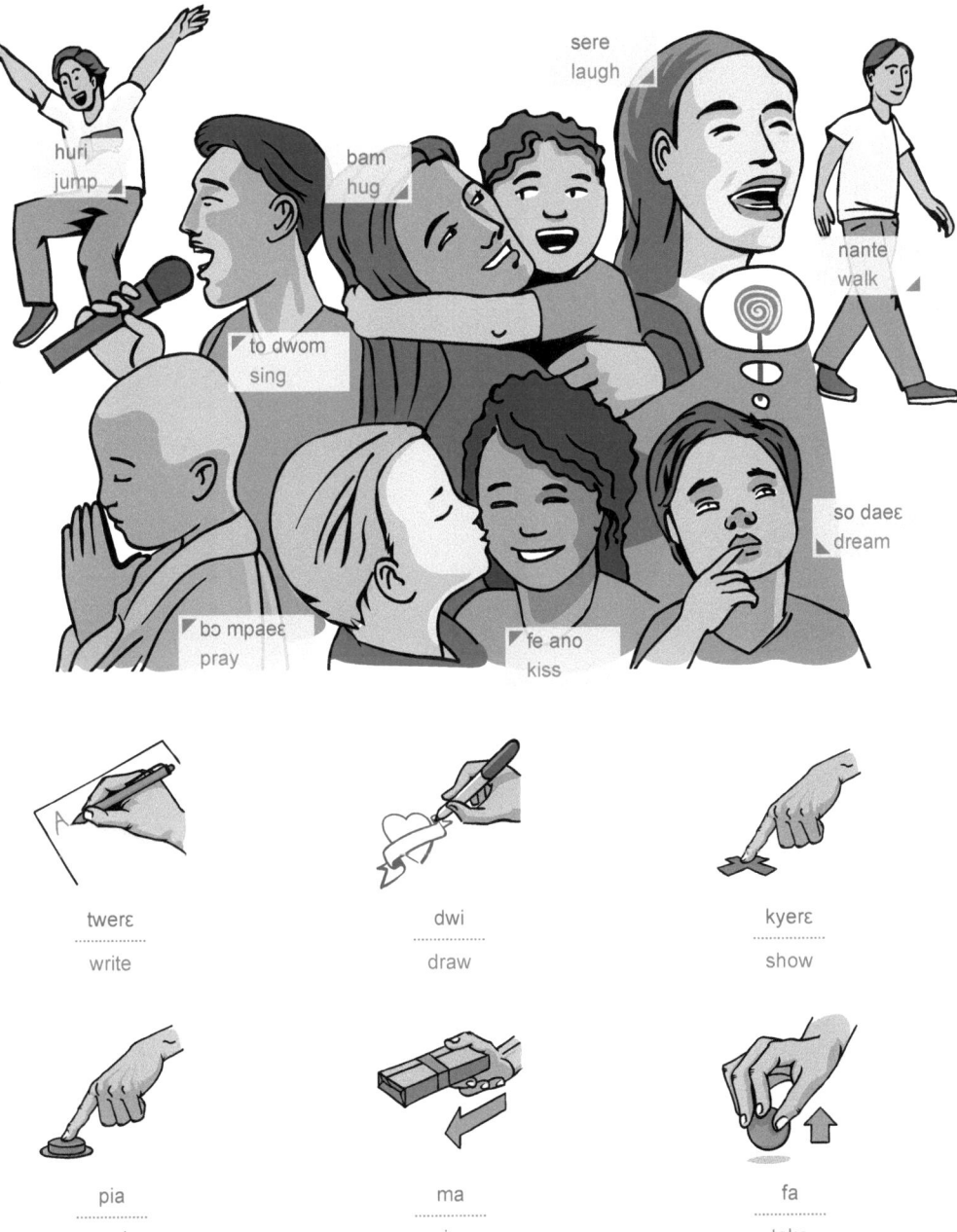

sere
laugh

huri
jump

bam
hug

nante
walk

to dwom
sing

so daeɛ
dream

bɔ mpaeɛ
pray

fe ano
kiss

twerɛ
write

dwi
draw

kyerɛ
show

pia
push

ma
give

fa
take

nya

have

yɛ

do

yɛ

be

gyina

stand

tu mirika

run

twe

pull

to

throw

tɔ fam

fall

da hɔ

lie

twɛn

wait

soa

carry

tenase

sit

hyɛ ataadeɛ

get dressed

da

sleep

nyane

wake up

hwɛ

look at

su

cry

san ho

stroke

nunum

comb

kasa

talk

te aseɛ

understand

bisa

ask

tie

listen

nom

drink

didi

eat

yɛ nsiesie

tidy up

ɔdɔ

love

noa

cook

twi

drive

tu

fly

fa nsuo so

sail

sese

calculate

kenkan

read

sua

learn

adwuma

work

ware

marry

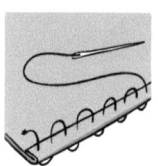

pam

sew

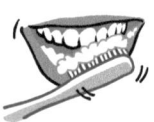

twitwiri wo se

brush teeth

kum

kill

nom gyɔt

smoke

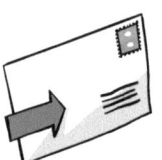

mane

send

abusua
family

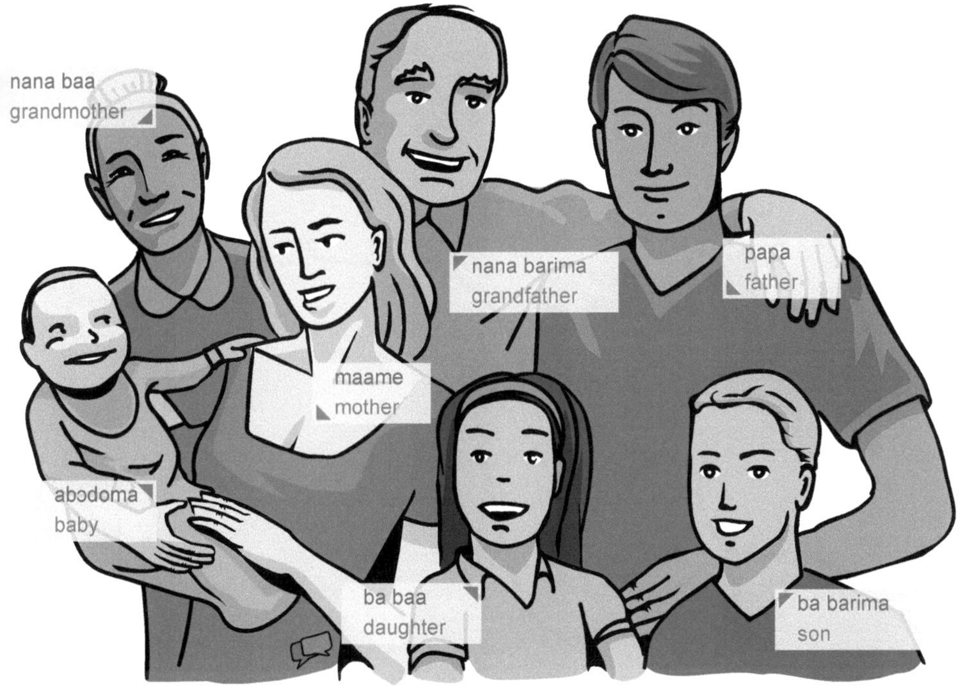
nana baa
grandmother
nana barima
grandfather
papa
father
maame
mother
abɔdoma
baby
ba baa
daughter
ba barima
son

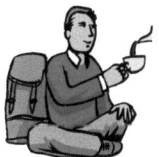

ɔhɔhoɔ
guest

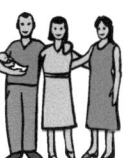

sewaa
aunt

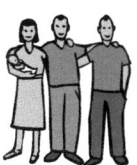

wɔfa
uncle

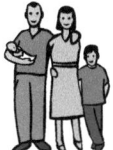

nua barima
brother

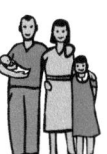

nua baa
sister

nipadua

body

moma
forehead
ani
eye
abɛtire
shoulder
nsatea
finger
anim
face
apantan
chin
nsa
hand
ɛnan
leg
nufoɔ
breast
nsa
arm

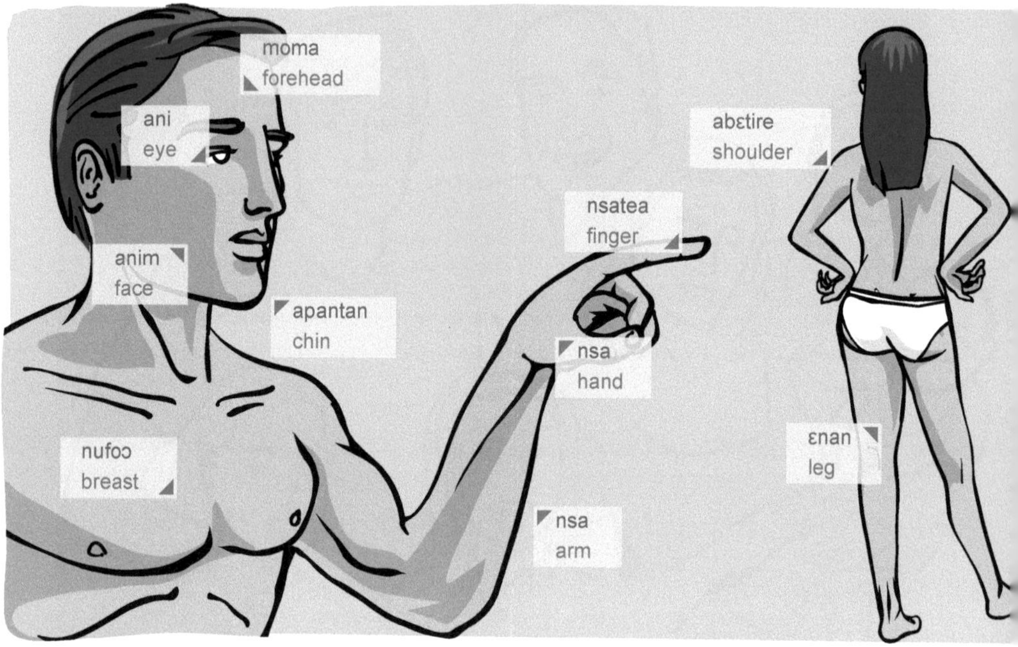

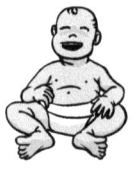

abɔdoma

baby

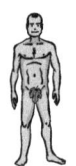

barima

man

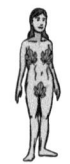

ɔbaa

woman

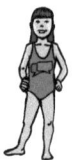

abayewa

girl

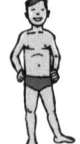

abarimawa

boy

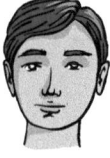

etire

head

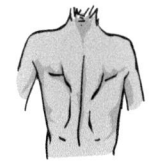

akyi

back

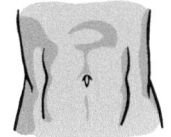

afro

belly

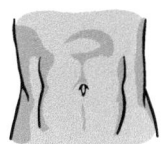

fruma

belly button

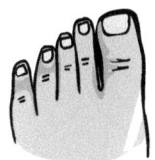

nansoa

toe

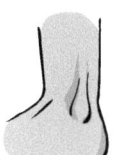

nantini

heel

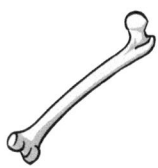

dompe

bone

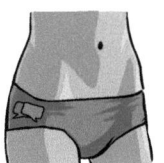

ataasɔ

hip

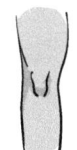

kotodwe

knee

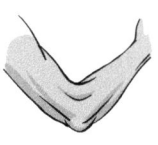

abatwɛ

elbow

ɛhwene

nose

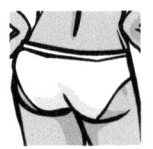

ɛtoɔ

bottom

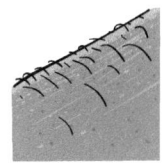

wedeɛ

skin

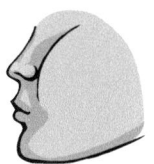

afono

cheek

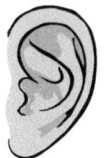

aso

ear

ano

lip

nipadua - body

anom

mouth

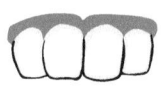

ɛsee

tooth

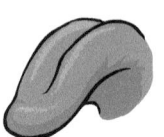

tɛkyerɛma

tongue

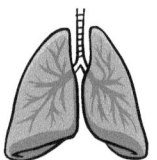

adwene

brain

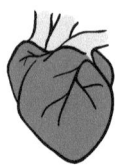

akoma

heart

ntini

muscle

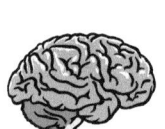

aharawa

lung

brɛboɔ

liver

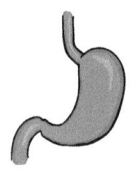

yafunu

stomach

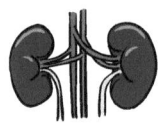

asaa

kidneys

nna

sex

kɔndɔm

condom

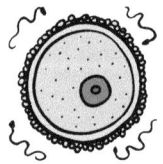

ɔbaa nkosua

ovum

barima ho nsuo

semen

nyinsɛn

pregnancy

nipadua - body

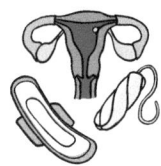

nsabuo
....
menstruation

ɛtwɛ
....
vagina

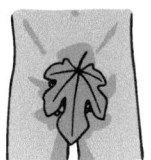

kɔteɛ
....
penis

anintɔn
....
eyebrow

enwin
....
hair

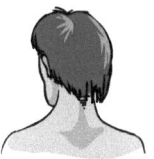

ɛkɔn
....
neck

ayaresabea
hospital

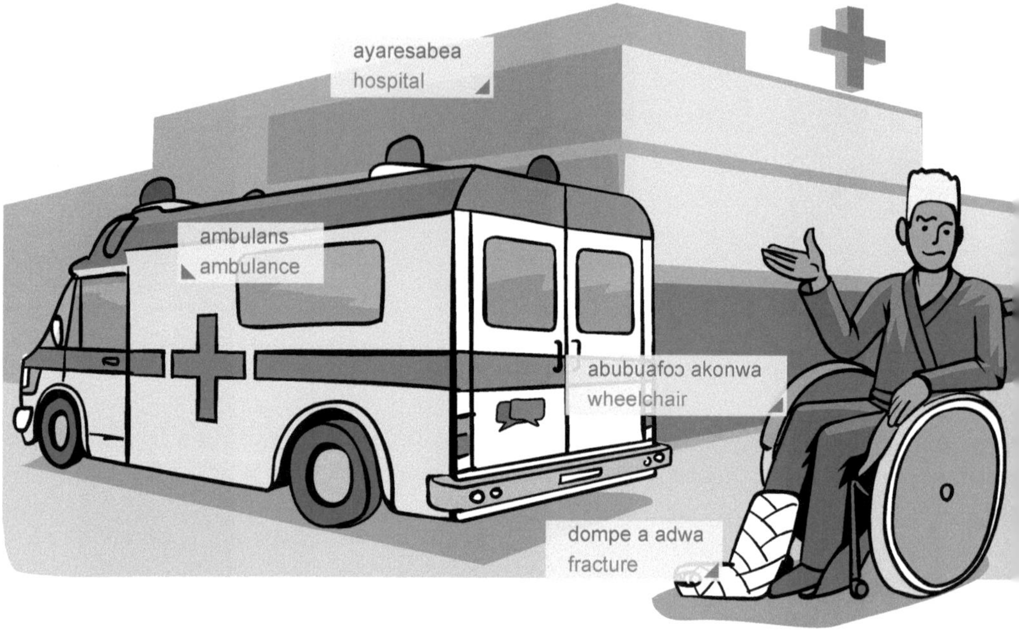

ayaresabea
hospital
ambulans
ambulance
abubuafoɔ akonwa
wheelchair
dompe a adwa
fracture

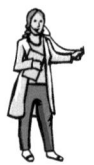

dɔkota

doctor

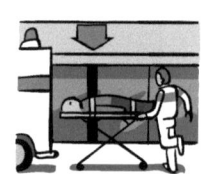

ɛdan a wɔde putupru nsɛm kɔmu

emergency room

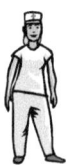

nɛɛse

nurse

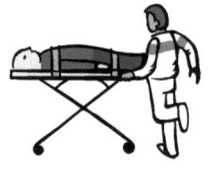

putupru

emergency

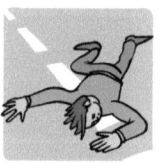

wɔ atwa ahwe

unconscious

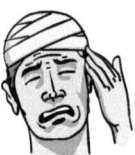

yea

pain

epira

injury

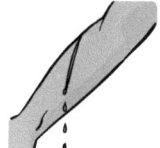

mogyatuo

bleeding

akoma yarenini

heart attack

stroke yareɛ

stroke

allegyi

allergy

ɛwa

cough

ahoɔhyeɛ

fever

papu

flu

ayamtuo

diarrhoea

tipaeɛ

headache

kokoram

cancer

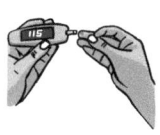

asikyire yareɛ

diabetes

dɔkota a ɛyɛ oprehyɛn

surgeon

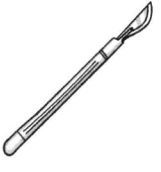

skapɛl sekan

scalpel

aprehyɛn

operation

CT
......
CT

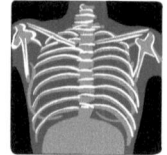

x-ray
......
x-ray

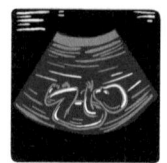

ultrasound
......
ultrasound

nkatanim
......
face mask

yareɛ
......
disease

ɛdan a wɔ twɛn mu
......
waiting room

krɔhyes
......
crutch

plasta
......
plaster

banege
......
bandage

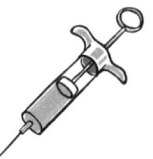

paneɛ
......
injection

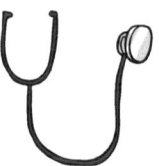

Stetoskop
......
stethoscope

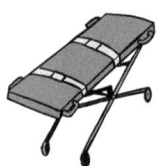

ahomankaa
......
stretcher

afidie a esusu ahoɔhyeɛ
......
clinical thermometer

awoɔ
......
birth

kɛseɛ mmorosoɔ
......
overweight

afidie a ɛboa asɛmtie

hearing aid

aduro a ekum mmoawa

disinfectant

yareɛ a mmoawa deba

infection

vaarɔs

virus

HIV / AIDS

HIV / AIDS

aduro

medicine

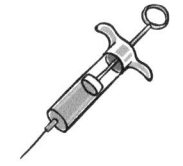

aduro a esi yareɛ ano

vaccination

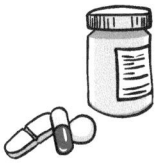

aduro tablɛte

tablets

topaeɛ

pill

ɔfrɛ wɔ putupru so

emergency call

afidie a esusu mogya mmrosoɔ

blood pressure monitor

yareɛ / apomuden

ill / healthy

Boa me!

Help!

kɔkɔbɔ

alarm

Eborɔ

assault

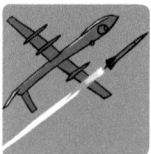

ato ahyɛ obi so

attack

ɛyɛ hu

danger

baabi a yɛfa de pue putupru so

emergency exit

Ogya!

Fire!

afidie a yɛde dumgya

fire extinguisher

nkwanhyia

accident

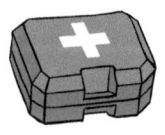

nneɛma yɛde sɔ yareɛ ano

first-aid kit

SOS

SOS

polisi

police

Yuropo

Europe

Amerika atifi

North America

Amerika ananfoɔ

South America

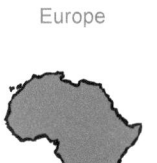

Abiberm

Africa

Asia

Asia

Australia

Australia

Atlantik

Atlantic

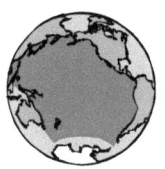

Pasifek

Pacific

India po kɛseɛ

Indian Ocean

Antaatek po keseɛ

Antarctic Ocean

Aatek po kɛseɛ

Arctic Ocean

Ewiase atifi

North Pole

Ewiase anaafoɔ

South Pole

Antaatek

Antarctica

Ewiase

Earth

asaase

land

ɛpo

sea

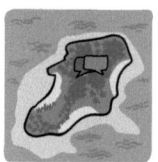

supɔ

island

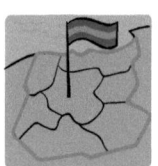

ɔman

nation

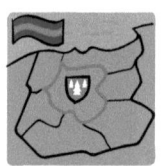

ɔman

state

kloko no anim

clock face

dɔnhwere nsa no

hour hand

sima nsa

minute hand

anitɛtɛ nsa no

second hand

Abɔ sɛn?

What time is it?

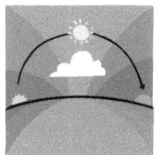

da

day

berɛ

time

seeseiara

now

wkye a nɔma wɔ so

digital watch

sima

minute

dɔnhwere

hour

nnawɔtwe
week

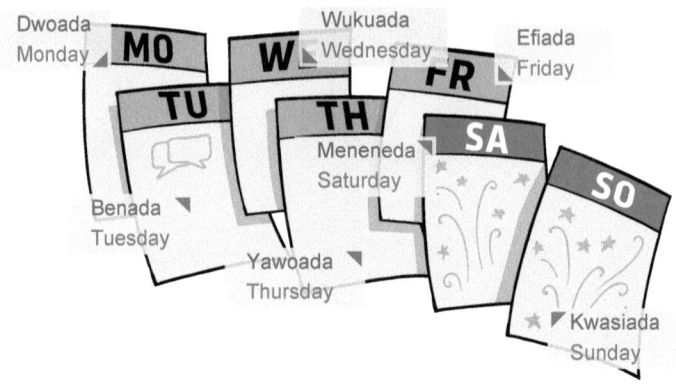

Dwoada — Monday — **MO**
Wukuada — Wednesday — **W**
Efiada — Friday — **FR**
TU
TH
Meneneda — Saturday — **SA**
Benada — Tuesday
Yawoada — Thursday
SO
Kwasiada — Sunday

ɛnora

yesterday

ɛnora

today

ɔkyina

tomorrow

anɔpa

morning

prɛmtobrɛ

noon

anwumerɛ

evening

MO	TU	WE	TH	FR	SA	SU
1	2	3	4	5	6	7
8	9	10	11	12	13	14
15	16	17	18	19	20	21
22	23	24	25	26	27	28
29	30	31	1	2	3	4

adwuma nna

business days

MO	TU	WE	TH	FR	SA	SU
1	2	3	4	5	6	7
8	9	10	11	12	13	14
15	16	17	18	19	20	21
22	23	24	25	26	27	28
29	30	31	1	2	3	4

nnawɔtwe awieɛ

weekend

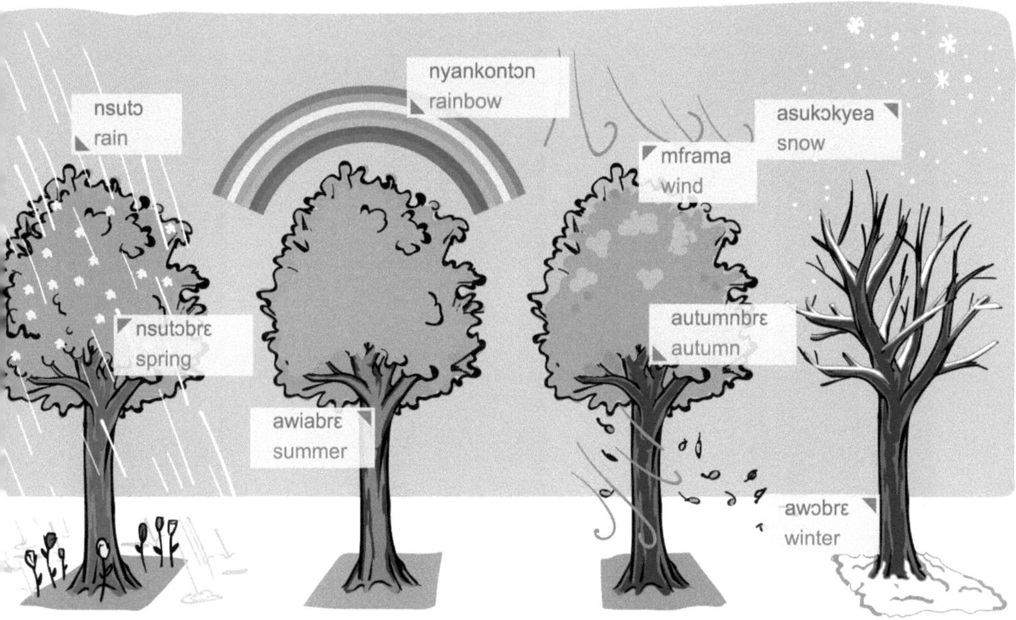

nsutɔ
rain

nyankontɔn
rainbow

asukɔkyea
snow

mframa
wind

nsutɔbrɛ
spring

awiabrɛ
summer

autumnbrɛ
autumn

awɔbrɛ
winter

ewiem nsakrɛeɛ
weather forecast

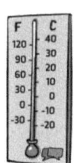

afidie a esusu ade ho hyeɛ

thermometer

awiabɔ
sunshine

munukum
cloud

ɛbɔ
fog

ewiem nsuo
humidity

ayerɛmo

lightning

apranaa

thunder

ehum

storm

asukɔkyea

hail

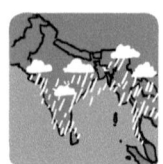

monsoonbrɛ

monsoon

nsuyiri

flood

aise

ice

ɔpɛpɔn

January

ɔgyefoɔ

February

ɔbɛnem

March

Oforisuo

April

Kotonimaa

May

Ayɛwohomumu

June

Kitawonsa

July

ɔsanaa

August

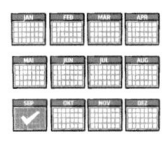

εbɔ
September

Ahinime
October

Obubuo
November

ɔpεnimaa
December

abosuo
shapes

kanko
circle

sokwεε
square

rεktangel
rectangle

triangel
triangle

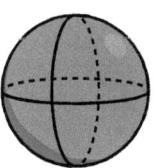

krukruwa
sphere

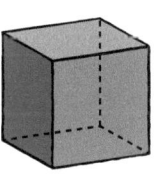

adaka
cube

colours

fitaa

white

akokɔ sradeɛ

yellow

ankaa

orange

pink

pink

kɔkɔɔ

red

pɛpol

purple

bruu

blue

ahaban mono

green

braun

brown

nson

grey

tuntum

black

pii / ketewa

a lot / a little

wo boafu / wɔ adwo

angry / calm

ɛyɛ fɛ / ɛyɛ tan

beautiful / ugly

ahyɛseɛ / awieɛ

beginning / end

kɛseɛ / esua

big / small

ɛha / esum

bright / dark

nuabarima / nuabaa

brother / sister

ɛho te / ayɛ fin

clean / dirty

awie / enwieɛ

complete / incomplete

awia / anadwo

day / night

awu / ɛte ase

dead / alive

emubae / ɛyɛ tea

wide / narrow

yɛde /yɛnni

edible / inedible

bɔne / tema

evil / kind

wɔ aniagye / wɔ ani nka

excited / bored

ɔso / teatea

fat / thin

edikan / etwatoɔ

first / last

adamfoɔ / atamfo

friend / enemy

ayɛ mma / hwee nim

full / empty

ɛdenden / mmerɛ mmerɛ

hard / soft

ɛyɛ duru / ɛyɛ ha

heavy / light

ɛkɔm / nsukɔm

hunger / thirst

yareɛ / apomuden

ill / healthy

etia mmara / ɛwɔ mmara mu

illegal / legal

nyansa / gyimi

intelligent / stupid

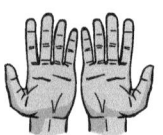

benkum / nifa

left / right

ɛbɛn / akyire

near / far

foforɔ / dada
new / used

hwee / biribi
nothing / something

wɔ anyini/ ɔsua
old / young

sɔ /dum
on / off

bue / tom
open / closed

dinn / dede
quiet / loud

ɔdefoɔ / ohia
rich / poor

nifa / benkum
right / wrong

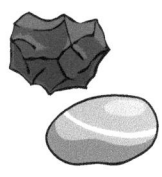

werewerɛwerewerɛ /
trontron
rough / smooth

awerɛhoɔ / anigyeɛ
sad / happy

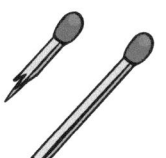

tietia / tenten
short / long

nyaa / ntɛm
slow / fast

afɔ / awɔ
wet / dry

dedɛɛdeɛɛ / adwo
warm / cool

akoo / asomdweɛ
war / peace

0 hwee — zero

1 baako — one

2 mienu — two

3 meɛnsa — three

4 ɛnan — four

5 enum — five

6 nsia — six

7 nson — seven

8 nwɔtwe — eight

9 nkron — nine

10 edu — ten

11 du-baako — eleven

12

du-mienu

twelve

13

du-meɛnsa

thirteen

14

du-nan

fourteen

15

du-num

fifteen

16

du-nsia

sixteen

17

de-nson

seventeen

18

du-nwɔtwe

eighteen

19

du-nkron

nineteen

20

aduonu

twenty

100

ɔha

hundred

1.000

apem

thousand

1.000.000

ɔpepem

million

Brɔfo

English

Amerikafoɔ Brɔfo

American English

Chainfoɔ Mandarin

Chinese Mandarin

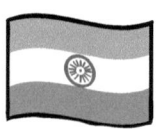

Hindi

Hindi

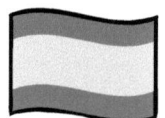

Spainfoɔ kasa

Spanish

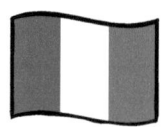

French kasa

French

Arabia kasa

Arabic

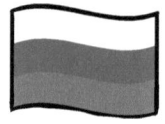

Russianfoɔ kasa

Russian

Portugalfoɔ kasa

Portuguese

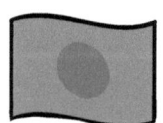

Bengali

Bengali

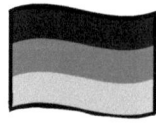

Germanfoɔ kasa

German

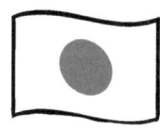

Japanfoɔ kasa

Japanese

Me
I

wo
you

ono
he / she / it

yεn
we

wo
you

ɔmmo
they

hwan?
who?

deε bεn?
what?

εyε deεn?
how?

ehen?
where?

dabεn?
when?

edin
name

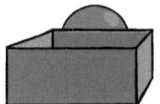

akyire

behind

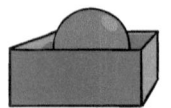

emu

in

anim

in front of

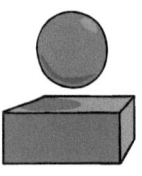

ɛsoro

over

ɛso

on

aseɛ

under

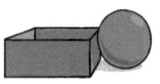

nkyɛn

beside

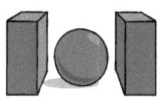

ntɛm

between

beaɛ

place